DAS EWIGE IM VERGÄNGLICHEN

FRITHJOF SCHUON

DAS EWIGE
IM VERGÄNGLICHEN

*Von der einen Wahrheit
in den großen Religionen
und alten Kulturen*

OTTO WILHELM BARTH VERLAG

Neuausgabe 1984.
Einzig berechtigte Übersetzung aus
dem Französischen von Titus Burckhardt.
Titel des Originals: «Regards sur les Mondes anciens».
Copyright © 1970 und 1984 by Scherz Verlag, Bern, München,
Wien, für den Otto Wilhelm Barth Verlag. Gesamtdeutsche
Rechte beim Scherz Verlag, Bern, München, Wien.
Alle Rechte der Verbreitung, auch durch Funk, Fernsehen,
fotomechanische Wiedergabe, Tonträger jeder Art und
auszugsweisen Nachdruck, sind vorbehalten.
Schutzumschlag von Gerhard Noltkämper.

INHALT

DIE ORDNUNG DER ALTEN KULTUREN

Das gesamte Dasein der alten und ganz allgemein der überlieferungstreuen Völker wird von zwei Schlüsselbegriffen
beherrscht: Mitte und Ursprung. In dieser räumlichen Welt,
in der wir leben, bezieht sich jeglicher Wert irgendwie auf
eine heilige Mitte, auf den Ort, an welchem der Himmel die
Erde berührt hat, wo Gott sich kundgetan hat, um seinen
Segen auszuteilen. Dasselbe gilt für den Ursprung, den
gleichsam zeitlosen Zeitpunkt, als der Himmel nah und die
irdischen Dinge noch halb himmlisch waren. Für jene Kulturen, die einen geschichtlichen Gründer haben, ist das auch
die Zeit, in der Gott gesprochen hat, indem er für diesen
oder jenen Teil der Menschheit den ursprünglichen Bund
erneuerte. Der Überlieferung treu sein heißt, dem Ursprung
treu bleiben und ebendadurch in der Mitte sein; es ist das
Verharren in der anfänglichen Reinheit und im allgültigen
Urgesetz. Im Verhalten der alten Völker erklärt sich alles
unmittelbar oder mittelbar aus diesen beiden Grundgedan-
ken, die wie zwei Richtungspunkte sind inmitten der unermeßlichen und gefahrvollen Welt der Formen und der Veränderung.

Aus dieser Art von mythologischer Selbstbezogenheit
muß man zum Beispiel den Imperialismus der alten Kulturen verstehen. Es genügt da nicht, sich einfach auf das «Gesetz des Dschungels» zu berufen, so unausweichlich und
daher berechtigt dieses Gesetz auf biologischer Ebene auch
sein mag; man darf außerdem und vor allem – denn es handelt sich ja um menschliche Wesen – nicht vergessen, daß

jede alte Kultur mit und von einer Erinnerung an das verlorene Paradies lebt und daß sie sich, insofern sie in der Tat der Erbe einer uralten Überlieferung oder einer das «verlorene Wort» wiederherstellenden Offfenbarung ist, als unmittelbarer Zweig des «Zeitalters der Götter» darbietet. So ist es stets «unser Volk» und nicht irgendein anderes, das die Urmenschheit in der zwiefachen Hinsicht der Weisheit und der Tugend fortsetzt; und diese Betrachtungsweise ist in der Tat weder mehr noch weniger falsch als der Ausschließlichkeitsanspruch der einzelnen Religionen oder die naive Annahme eines jeden Ichs, allein «ich» zu sein. Viele Völkerschaften bezeichnen sich selbst nicht mit dem Namen, den ihnen die anderen gegeben haben, sondern nennen sich einfach «das Volk» oder «die Menschen». Die anderen Stämme sind die «Untreuen», sie sind es, die sich vom Hauptstamm abgetrennt haben; das ist im großen und ganzen sowohl der Standpunkt des Römischen Reichs als auch der des Irokesenbundes.

Das Ziel des Imperialismus im Altertum war die Ausbreitung einer «Ordnung», eines Zustandes von Gleichgewicht und Dauer, der einem göttlichen Vorbild entspricht und der sich übrigens in der Natur und vor allem in der Welt der Planeten widerspiegelt. Der römische Kaiser übt wie der Herrscher des «himmlischen Reiches der Mitte» seine Macht dank einer «Ermächtigung des Himmels» aus. Julius Cäsar, derart «Ermächtigter» und «göttlicher Mensch» *(homo divus)*[1], war sich der schicksalhaften Tragweite seiner Sendung bewußt. In seinen Augen hatte niemand das Recht, dieser Sendung zu widerstehen; Vercingetorix war für ihn so etwas wie ein Ketzer. Wenn die außer-römischen Völker als «Barbaren» betrachtet wurden, so vor allem deshalb, weil sie sich außerhalb der «Ordnung» befanden. Vom Standpunkt der *pax romana* aus gesehen stellten sie die Gleichgewichtslosigkeit, die Unbeständigkeit, die Wirrnis – und dauernde Bedrohung dar. In der Christenheit *(corpus mysticus)* und im Islam *(dâr al-islâm)* zeigt sich das theokratische Wesen des Imperialismus in seiner ganzen Klarheit; ohne Theokratie gibt es keine Kultur im echten Sinne des Wortes. Das ist so wahr, wie daß die römischen Kaiser der Verfallszeit seit Diokletian das Bedürfnis empfanden, sich zu vergöttern oder vergöttern zu lassen, indem sie sich den Rang eines von Venus abstammenden Eroberers von Gallien anmaßten. Der moderne Begriff der «Zivilisation» ist historisch verbunden mit dem überlieferten Begriff des «Reiches»; doch ist in diesem Falle die «Ordnung» eine bloß menschliche und weltliche geworden, was auch der Begriff des «Fortschritts» beweist, der jeden himmlischen Ursprung verneint. In der Tat ist die «Zivilisation» nicht mehr als eine städtische Verfeinerung im Rahmen einer weltlichen und kaufmännischen Anschauungsweise, was ihre Feindseligkeit sowohl gegenüber der Natur als auch gegenüber der Religion erklärt. Nach den Maßstäben der «Zivilisation» kann der beschauliche Einsiedler – der gleichzeitig die menschliche Geistigkeit und die Heiligkeit der unberührten Natur repräsentiert – nichts anderes sein als eine Art Wilder, während er in Wirklichkeit der irdische Zeuge des Himmels ist.

Diese Betrachtungen geben uns Anlaß, einige Bemerkungen über das vielschichtige Wesen der Autorität innerhalb der westlichen Christenheit einzuflechten. Im Gegensatz zum Papst verkörpert der Kaiser die weltliche Gewalt, aber nicht nur dies: Auf Grund seines vorchristlichen und nichtsdestoweniger himmlischen Ursprungs[2] vertritt er zudem eine Art Universalität, während der Papst durch sein Amt allein für die christliche Religion steht. Die spanischen Muselmanen wurden erst verfolgt, als die Geistlichkeit die Oberhand über die weltliche Herrschaft gewann, die, vom Kaiser abhängend, in diesem Fall die Universalität oder den «Realismus» vertrat, mithin die Duldsamkeit und also auch, dem Wesen der Dinge gemäß, eine gewisse Art von Weisheit. Diese Doppeldeutigkeit des kaiserlichen Amtes – deren sich die Kaiser mehr oder weniger bewußt waren[3] – erklärt teilweise das, was wir die überlieferungsmäßige Zwiespältigkeit der Christenheit nennen könnten. Es ist, als ob der Papst selbst jene Doppeldeutigkeit des Kaisertums – oder dessen partielle, seine Unterordnung seltsam ergänzende Überlegenheit – anerkannt hätte, als er sich nach der Krönung Karls des Großen vor diesem niederwarf.[4]

Der Imperialismus kann entweder vom Himmel oder bloß von der Erde oder aber auch aus der Hölle stammen. Wie dem auch sei: Sicher ist, daß die Menschheit nicht in eine Unzahl einzelner, voneinander unabhängiger Stämme zersplittert bleiben kann. Die Bösen würden sonst unfehlbar über die Guten herfallen, und das Ergebnis wäre eine von den Bösen geknechtete Menschheit, also die ärgste aller Tyranneien. Der Imperialismus der Guten stellt sozusagen einen unvermeidlichen und schicksalhaften Schutzkrieg dar; ohne ihn wäre überhaupt keine große Kultur denkbar.[5] Wenn man dagegen einwenden wollte, daß all das uns nicht aus der menschlichen Unvollkommenheit hinausführe, so geben wir das gerne zu. Weit entfernt davon, ein utopisches Tugendreich zu predigen, stellen wir einfach fest, daß der Mensch immer Mensch bleibt, sobald die Gemeinschaften mit ihren Wünschen und Leidenschaften im Spiele sind; die Führer müssen dem notgedrungen Rechnung tragen, mag das auch jenen «Idealisten» mißfallen, die der Meinung sind, die «Reinheit» einer Religion erfordere von ihr, daß sie Selbstmord begehe.

Das führt uns nun zu einer Wahrheit, die leider von den Gläubigen selbst allzuleicht vergessen wird, nämlich, daß die Religion als Gemeinschaft sich notgedrungen auf die Mächte stützt, die sie in irgendeiner Weise tragen, ohne daß sie deshalb etwas von ihrem lehrhaften und sakramentalen Gehalt einbüßen müßte oder die Unparteilichkeit, die in diesem Gehalt liegt, verlöre. Denn eines ist die Kirche als gesellschaftliches Gefüge und etwas anderes das göttliche Pfand, das sie verwahrt und das seinem Wesen nach jenseits der Verstrickungen und Abhängigkeiten der menschlichen Natur bleibt, ob es sich nun um den einzelnen Menschen oder um eine ganze Gemeinschaft handelt. Das Bemühen, die irdische Verwurzelung der Kirche, die ja durch das Auftreten der Heiligen bei weitem aufgewogen wird, zu verändern, führt nur dazu, die Religion in ihrem Wesenskern zu verderben, getreu jenem «idealistischen» Rezept, nach welchem das beste Mittel, den Kranken zu heilen, darin besteht, ihn umzubringen. Weil man die menschliche Gesellschaft nicht auf die Höhe des geistlichen Vorbilds emporzuheben vermag, drückt man heute die Religion auf die Ebene dessen herab, was allen Menschen zugänglich und verstandesmäßig faßbar ist – und das ist rein nichts, gemessen an unserer integralen Intelligenz und an unserer Bestimmung zur Unsterblichkeit. Das Nur-Menschliche führt, da es sich niemals selbst im Gleichgewicht halten kann, stets zum Untermenschlichen hin.

In Raum und Zeit sein bedeutet für die überlieferungstreuen Kulturen, sich einerseits auf eine Kosmologie und andrerseits auf eine Eschatologie zu beziehen; denn die Zeit erhält ihren Sinn nur vom Ursprung her, dessen Vollkommenheit zu bewahren ist, und im Hinblick auf die endzeitliche Zersprengung, die uns fast ohne Übergang zu Füßen Gottes wirft. Wenn es in der Zeit manchmal Entwicklungen gibt, die man für sich allein betrachtet für Fortschritte halten könnte – im Ausbau der Lehre zum Beispiel und vor allem in der Kunst, die der Zeit und der Erfahrung bedarf, um zu reifen –, so bedeutet das nicht, daß die Überlieferung anders oder besser werden sollte, sondern im Gegenteil, daß sie ganz sie selber bleiben oder «sie selber werden» will. Mit anderen Worten: Der Grund solcher «Fortschritte» ist der, daß die überlieferungstreue Menschheit das, was sie in sich trägt und zu verlieren Gefahr läuft, auf einer bestimmten Ebene kundtun möchte, und das um so mehr, als die Gefahr des Verlustes mit der Vollendung des Kreislaufs, die notwendigerweise zum Verfall und zum Gericht führt, ständig zunimmt. So ist es letzten Endes unsere zunehmende Schwachheit und mit ihr die Gefahr des Vergessens und des Verrats, die uns dazu nötigen, das herauszustellen und klarzumachen, was ursprünglich in einer innerlichen Vollkommenheit inbegriffen war. Der Apostel Paulus bedurfte weder der thomistischen Lehre noch der gotischen Münster, denn alle Tiefe und alle Schönheit waren in ihm selber vorhanden, während um ihn herum die Heiligkeit der Urgemeinde sich zeigte. Das sei aber keineswegs zugunsten der Bilderfeinde aller Art, sondern durchaus gegen sie gesagt: Die mehr oder weniger späten Zeiten – zu denen schon das Mittelalter gehört – haben ein dringendes Bedürfnis nach Äußerung und Ausführung, so wie das Wasser einer Quelle, um sich nicht in seinem Lauf zu verlieren, eines natürlichen oder von Menschen geschaffenen Kanals bedarf; und ebenso wie der Kanal nicht das Wasser verändert und es nicht verändern soll – denn kein Wasser ist besser als Quellwasser –, so sind auch die Äußerungen und Entwicklungen des geistigen Erbgutes nicht dazu da, dasselbe zu verändern, sondern es so vollständig und so wirksam als möglich weiterzugeben.

Der ethnische Genius kann diesen oder jenen Aspekt hervorheben – und das zu Recht und um so leichter, als jeder solcher Genien vom Himmel stammt –, aber seine Aufgabe kann es nicht sein, die ursprünglichen Absichten zu verfälschen. Die Berufung des Genius liegt im Gegenteil darin, diese Absichten für die besondere Sinnesart, die er darstellt, so transparent wie möglich zu machen. Auf der einen Seite gibt es die Sinnbildlichkeit, die so folgerichtig ist wie die Naturgesetze und ebenso komplex wie diese; und auf der anderen Seite gibt es den schöpferischen Genius, der an sich frei ist wie der Wind, aber nichts ist ohne die Sprache der Wahrheit und die von Gott gegebenen Sinnbilder, und der nie hastig noch willkürlich sein kann. Es ist deshalb sinnlos, wenn man, wie heute üblich, behauptet, der gotische Stil zum Beispiel sei Ausdruck seiner «Zeit» und stelle deshalb für die Christen von «heute» einen «Anachronismus» dar, es sei ein «Plagiat» und «Kitsch», «in Gotik zu machen», man müsse einen «unserer Zeit» angemessenen Stil schaffen usw. Man vergißt dabei, daß die gotische Kunst sich im Raum entfaltet, ehe sie – im Rückblick – eine gewisse Zeit verkörpert. Um die Besonderheit der gotischen Formensprache zu übertreffen, hätte die Renaissance zuerst damit beginnen müssen, diese Formensprache zu verstehen, und um sie zu verstehen, hätte sie dieselbe in ihrer eigenen Natur und in ihrem zeitlosen Charakter erfassen müssen. Wäre sie aber dessen fähig gewesen, so hätte sie keinen Grund gehabt, diese Formensprache aufzugeben.

Ein Stil drückt stets eine bestimmte geistige Einstellung und zugleich eine ethnische Begabung aus, und das sind zwei Voraussetzungen, die sich nicht künstlich schaffen lassen. Eine Gemeinschaft mag von einer Formensprache zur anderen übergehen, in dem Maße, als es ein spezielles ethnisches Übergewicht oder eine Blüte geistigen Lebens erfordern, aber sie kann in keinem Fall einen neuen Stil erzeugen wollen unter dem Vorwand, daß er die «Zeit», das heißt also das Vergängliche und damit die Verneinung des unwandelbaren Wesens aller Überlieferung zum Ausdruck bringen soll. Das Überwiegen des Germanischen bzw. das schöpferische Bewußtwerden der Germanen, verbunden mit dem starken Einfluß der emotionalen Kräfte des Christentums hat von selber jene Formensprache erzeugt, die man später «gotisch» nannte. Die Franzosen, die die gotische Kathedrale schufen, taten es als Franken und nicht als Lateiner, was sie nicht daran gehindert hat, auf anderen Ebenen oder gar innerhalb ihres Germanentums ihr Lateinertum zu manifestieren. Man darf auch nicht vergessen, daß sie in geistiger Hinsicht Semiten waren, wie alle Christen, und daß diese Mischung, zu der auch das keltische Erbe gehört, den Genius des mittelalterlichen Abendlandes ausmacht.

Heute gibt es nichts, was den Wunsch nach einem neuen Stil rechtfertigte; wenn die Menschen «andere» geworden sind, so geschah das auf geistig unrechtmäßige Weise, infolge negativer Faktoren und kraft einer Reihe von promethei-

schen Verraten – wie jenem der Renaissance. Das Unrechtmäßige und Unchristliche aber können keinen neuen christlichen Stil begründen noch im positiven Sinne an dessen
Ausprägung mitwirken. Man mag dagegen einwenden, daß
unsere Zeit nun mal eine bedeutende Realität sei, daß man
sie nicht einfach ignorieren könne, daß man den unvermeidlichen Gegebenheiten Rechnung tragen müsse. Das ist wahr,
doch die einzige Folgerung, die sich daraus ergibt, ist die,
daß man zu den schlichtesten und strengsten Formen des
Mittelalters zurückkehren müßte, zu den ärmsten in gewissem Sinne, der geistigen Not unserer Zeit entsprechend; man
müßte aus der ungläubigen «Zeit» heraustreten und in den
gläubigen «Raum» zurückkehren. Eine Kunst, die nicht das
Unwandelbare ausdrückt und selbst nicht unwandelbar sein
will, ist keine heilige Kunst. Die Erbauer der Kathedralen
wollten keinen neuen Stil schaffen – und hätten sie es auch
gewollt, sie wären dazu nicht fähig gewesen –, sie wollten
nur, ohne «Suche» nach Neuem, der romanischen Unverän-
derlichkeit einen ihrem Empfinden nach weiteren und erha-
beneren oder auch deutlicheren Ausdruck verleihen; sie
wollten vervollkommnen und nicht abschaffen. Die romani-
sche Kunst ist unbewegter und erkenntnishafter als die gotische, und diese ist bewegter und emotionaler als jene; doch
beide Stile zeugen spontan und ohne prometheische Ver-
krampfung vom Ewig-Christlichen.[6]

Wenn von den alten oder überlieferungstreuen Völkern die
Rede ist, darf man dabei die gesunden und ganzen Kulturen
nicht mit den großen Kundgebungen des Heidentums – der
Ausdruck ist hier berechtigt – gleichsetzen, wie sie am Mit-
telmeer und im Nahen Osten vorkamen und deren klassische Verkörperungen Pharao und Nebukadnezar geworden
sind. An diesen «versteinerten» Überlieferungen der biblischen Welt fällt folgendes allgemein auf: die Verherrlichung
des Massen- und Riesenhaften, dann eine Anbetung des
Kosmos, die oft von blutigen und orgiastischen Riten beglei-

tet ist, und schließlich das Wuchern der Magie und der Wahrsagerei. In solchen Kulturen wird das Übernatürliche durch das Magische ersetzt und das Diesseits vergöttert. Fürs Jenseits haben sie nichts anzubieten; so ist es wenigstens in der Exoterik, die alles erdrückt. Eine Art marmorner Vergötterung des Menschen vermählt sich da mit einer leidenschaftlichen Vermenschlichung des Göttlichen; die Herrscher sind Halbgötter, und die Götter stehen allen Leidenschaften vor.[7]

Man kann sich die Frage stellen: Wie war es möglich, daß diese alten Religionen zum Heidentum entarten und dann erlöschen konnten, während ein ähnliches Geschick für die heute noch lebendigen Überlieferungen des Westens und des Ostens ausgeschlossen erscheint? Die Antwort ist die, daß die Überlieferungen vorgeschichtlichen Ursprungs – sinnbildlich gesprochen – für den «Raum» und nicht für die «Zeit» gemacht waren, das heißt, daß sie in einer Vor-Zeit geboren wurden, wo die Zeit noch einen bloßen Rhythmus innerhalb einer räumlich-verharrenden Glückseligkeit darstellte und wo Raum oder Gleichzeitigkeit noch die Erfahrung von der Fortdauer und der Veränderung überwog. Die geschichtlichen Religionen dagegen mußten von vornherein mit der Erfahrung der «Zeit» leben und Wandel und Verfall voraussehen, da sie in einer Epoche geboren wurden, in der die Zeit bereits zu einem raschen und mehr und mehr verzehrenden Strom geworden war und in der sich der geistige Blick schon auf das Ende der Welt richten mußte. Das Hindutum nimmt eine mittlere Stellung ein, da es die für eine Überlieferung urzeitlichen Charakters einzigartige Fähigkeit besitzt, sich je und je zu verjüngen und anzupassen; es ist deshalb sowohl geschichtlich als auch vorgeschichtlich und bringt auf seine Weise das Kunststück zustande, die Götter Ägyptens und den Gott Israels in seiner Gesamtschau zu vereinen.

Doch kehren wir zu den Babyloniern zurück: Der steinerne Charakter dieser Art von Kultur erklärt sich nicht nur

durch einen Hang zum Maßlosen; er entspringt auch einem
Sinn für das Unwandelbare, so als hätte man angesichts der
Gefahr, daß die urzeitliche Glückseligkeit sich verflüchtigen
könnte, eine Festung gegen die Zeit errichten wollen, oder
als hätte man danach getrachtet, die ganze Überlieferung in
eine Festung zu verwandeln, mit dem Ergebnis, daß der
Geist nicht bewahrt, sondern erstickt wurde. Unter diesem
Gesichtspunkt betrachtet, erscheint das Marmorne und Unmenschliche an diesen heidnischen Kulturen wie ein titanischer Aufwand des Raumes gegen die Zeit. In dieser Schau
verbindet sich die Unerbittlichkeit der Gestirne in seltsam
widersprüchlicher Weise mit der Leidenschaft der Leiber;
das Sternengewölbe ist immer gegenwärtig, göttlich und er-
drückend, während zugleich das übersprudelnde Leben die
Rolle einer irdischen Gottheit spielt.

In anderer Hinsicht erklären sich manche Züge der alten
Kulturen aus der Tatsache, daß am Anfang das göttliche
Gesetz von diamantener Härte war, während zugleich das
Leben noch etwas Himmlisches hatte. Babylon lebte fälsch-
lich aus der Erinnerung daran. Trotz alledem gab es jedoch,
auch im Schoße des grausamsten Heidentums, gewisse Mil-
derungen, die sich aus dem Wandel der zyklischen Atmosphäre erklären. Das himmlische Gesetz wird milder in
ebendem Maße, als wir uns dem Ende unseres Kreislaufs
nähern; das Erbarmen Gottes wird stärker, je schwächer der
Mensch geworden ist. Die Freisprechung der Ehebrecherin
durch Christus hat diesen Sinn – neben anderen, ebenfalls
gültigen Bedeutungen – ebenso wie das Eingreifen des En-
gels beim Opfer Abrahams.

Niemandem wird es einfallen, sich darüber zu beklagen, daß
die Sitten nicht mehr so streng sind; dennoch erscheint es
angebracht, diesen Vorgang nicht für sich allein, sondern in
einem größeren Zusammenhang auf sein Ziel, seine Tragweite und seinen Wert hin zu betrachten. In Wahrheit kann die
Milderung der Sitten, sofern sie nicht bloßer Schein ist, nur

unter zwei Bedingungen eine grundsätzlich positive Entwicklung darstellen; nur dann nämlich, wenn sie erstens einen wirklichen Vorteil für die Gesellschaft bedeutet, und zweitens, wenn ihr Preis nicht das ist, was dem Leben überhaupt erst Sinn verleiht. Die Rücksicht auf die menschliche Person darf nicht der Zwangsherrschaft des Irrtums und der Niederträchtigkeit Tür und Tor öffnen, sie darf nicht dazu führen, daß Qualität durch Quantität erdrückt wird, daß alle sittlichen Werte zersetzt und die Kultur vernichtet wird, denn sonst ist sie im Vergleich zu den Tyranneien früherer Zeiten bloß eine Entartung in umgekehrter Richtung und nicht die erwünschte Norm. Wenn Menschenfreundlichkeit nichts anderes mehr ist als Ausdruck einer Überschätzung des Menschlichen auf Kosten des Göttlichen oder der bloßen Tatsachen auf Kosten der Wahrheit, so kann sie nicht mehr den Wert einer positiven Errungenschaft haben. Es ist leicht, den «Fanatismus» unserer Ahnen zu rügen, wenn man nicht einmal mehr den Begriff einer die Seele rettenden Wahrheit besitzt, oder «tolerant» zu sein, wenn man sich über die Religion lustig macht.

Wie auch die Sitten der Babylonier gewesen sein mögen[8], so darf man nie vergessen, daß gewisse Handlungsweisen weitgehend von den Umständen abhängen und der kollektive Mensch immer eine Art wildes Tier bleibt – wenigstens im «ehernen Zeitalter». Die Eroberer von Peru und Mexiko waren nicht besser als Nebukadnezar, Kambyses oder Antiochus Epiphanes, und ähnliche Beispiele ließen sich auch der jüngeren Geschichte entnehmen. Die Religionen vermögen den einzelnen Menschen zu verändern, sofern er dazu bereit ist – nie hat die Religion die Aufgabe gehabt, diese Bereitwilligkeit zu ersetzen –, niemand aber kann diese «tausendköpfige Hydra», die der kollektive Mensch ist, von Grund auf verändern, und darum hat auch keine Religion das je zum Ziel gehabt. Alles, was das geoffenbarte Gesetz bewirken kann, ist, die Selbstsucht und Wildheit der Gesellschaft einzudämmen, indem sie, so gut es geht, ihre Neigungen kanalisiert. Das Ziel der Religion besteht darin, dem Menschen eine sinnbildliche, aber durchaus gültige Vorstellung von der Wirklichkeit, die ihn angeht, zu übermitteln, in Einklang mit seinen Bedürfnissen und seinem ewigen Heil, und ihm den Weg zu zeigen, über sich selber hinauszuwachsen und seine höhere Bestimmung zu verwirklichen. Die aber kann nicht von dieser Welt sein, da unser Geist eben ist, was er ist.

In zweiter Linie hat die Religion noch den Zweck, im Hinblick auf ihr Hauptziel dem gesellschaftlichen Leben ein genügendes Gleichgewicht zu verleihen oder im Rahmen der natürlichen Schlechtigkeit der Menschen ein Höchstmaß geistiger Möglichkeiten zu bewahren. Wenn es einerseits nötig ist, die Gesellschaft vor dem einzelnen zu schützen, so ist es andrerseits notwendig, den einzelnen vor der Gesellschaft zu beschützen. Man wird nicht müde, von der «Menschenwürde» zu sprechen, vergißt aber allzuleicht, daß *noblesse oblige*; man beruft sich auf die Würde in einer Welt, die alles tut, um dieser Würde jeglichen Gehalt zu nehmen, sie zu zerstören. Im Namen einer unbestimmten und unbedingten «Menschenwürde» gewährt man auch dem unwürdigsten Menschen unbeschränkte Rechte, samt dem, all das zu zerstören, was unsere wahre Würde ausmacht, das nämlich, was uns auf allen Ebenen in der einen oder anderen Weise mit dem Absoluten verbindet. Gewiß, die Wahrheit zwingt uns, die Ausschreitungen der Aristokratie zu brandmarken, aber wir sehen nicht ein, warum sie uns nicht auch das Recht verliehe, die Auswüchse der Gegenseite zu verurteilen.

In den alten, heute so verpönten Zeiten nahm man die Härten des irdischen Daseins samt der Bosheit der Menschen im großen und ganzen als unausweichliches Geschick hin und glaubte mit gutem Recht, daß es unmöglich sei, sie völlig abzuschaffen: Mitten in den Prüfungen dieses Lebens vergaß man nicht jene des zukünftigen Lebens und nahm außerdem an, daß der Mensch auf Erden sowohl der Leiden wie der Lust bedürfe und daß eine Gemeinschaft sich nicht in Gottesfurcht und Frömmigkeit erhalten könne, wenn sie nur Angenehmes erfahre.[9] Das ist es, was die höherstehenden Menschen in allen Schichten der Gesellschaft dachten. Das Elend, dessen tiefere Ursache stets der Verstoß gegen ein himmlisches Gesetz sowie die Gleichgültigkeit gegenüber dem Himmel und unseren letzten Zielen ist, hat den Zweck, die nimmersatten Selbsttäuschungen der Menschen einzuschränken, etwa so, wie die Raubtiere dazu da sind zu verhindern, daß die pflanzenfressenden Tiere sich allzusehr vermehren – im Hinblick auf das Gleichgewicht und die Einheitlichkeit der Welt. Das Bewußtsein hiervon gehört zur Gottesfurcht.

Im Lichte dieser grundlegenden Weisheit kann ein Fortschritt, der durch Gleichgültigkeit in geistigen Dingen erkauft wird und der den Götzendienst des als Selbstzweck betrachteten Wohllebens zur Triebfeder hat, keinen wirklichen Vorteil darstellen, das heißt einen Vorteil, der im Verhältnis zu unserer Gesamtnatur und unserem unsterblichen Wesenskern stünde. Das ist nur allzu offensichtlich, allein, man scheut sich selbst in den «gläubigsten» Kreisen nicht zu behaupten, daß der technische Fortschritt eine unbestreitbare Wohltat sei, ja, daß er sogar vom Standpunkt des Glaubens aus einen Segen darstelle. In Wirklichkeit gibt die moderne Kultur nur, um dafür zu nehmen; sie gibt die Welt, nimmt aber Gott weg; und das entwertet selbst ihr Geben.[10]

Heutzutage hat man mehr denn je den Hang, Glück mit Wohlstand gleichzusetzen – einem Wohlstand, der übrigens unersättlich ist, weil die Bedürfnisse künstlich endlos vermehrt werden und auch wegen der niedrigen Mystik des Neides –, und vergißt dabei völlig, daß das traditionelle Handwerk sowie die Begegnung mit der Natur und den natürlichen Dingen in der Vergangenheit wesentliche Quellen menschlichen Glückes waren. Diese Quellen aber verschwinden mit der Industrialisierung, die allzuoft, wenn nicht immer, eine unmenschliche Umwelt und gleichsam «abstrakte» Handlungen mit sich bringt, sinn- und seelenlose

Gebärden in einer Atmosphäre zu Eis gewordener List. Man ist entschieden beim Gegenpol dessen angelangt, was das Evangelium meint, wenn es lehrt: «Werdet wie die Kinder», und: «Sorget nicht um den morgigen Tag». Die Maschine verlagert den Wunsch nach Glück auf eine rein quantitative Ebene, die in keinem Zusammenhang mehr mit der geistigen Qualität der Arbeit steht; sie beraubt die Welt ihrer Einheitlichkeit und Transparenz und schneidet den Menschen vom Sinn des Lebens ab. Mehr und mehr trachtet man danach, unsere Intelligenz auf das zu beschränken, was die Maschine erfordert, und unser Glücksvermögen auf das, was sie bietet. Da man die Maschine nicht vermenschlichen kann, ist man gezwungen – wenigstens einer gewissen Logik nach –, Menschen zur Maschine zu machen. Und da man die Verbindung mit dem Menschlichen verloren hat, schreibt man nun vor, was der Mensch ist und was Glück sein soll.

Destruktive Kritik werden das manche nennen, und das veranlaßt uns, auf die Gefahr eines abermaligen Abschweifens hin, einen Mißbrauch der Sprache oder des Denkens zu brandmarken, dem wir fast überall begegnen und der für die heutige «Dynamik» sehr bezeichnend ist. Eine Kritik ist weder «destruktiv» noch «konstruktiv», sie ist entweder wahr oder falsch; wenn sie wahr ist, so ist sie alles, was sie sein soll, sie kann jedenfalls nicht an sich «destruktiv» sein; wenn sie aber falsch ist, stellt sich die Frage nach ihrer möglichen «Konstruktivität» gar nicht, denn der Irrtum kann nur schädlich oder gleichgültig sein, je nach den Bereichen und Ausmaßen. Man muß sich wehren gegen diesen ärgerlichen Hang, anstelle eines geistigen und damit sachlichen Urteils ein auf Nutzen abzielendes und ichbezogenes Entweder-Oder oder eine moralische Wahl zu setzen und dem «Aufbauenden» den Platz des Wahren einzuräumen, als wäre die Wahrheit nicht an sich etwas Positives und als könnte man ohne sie etwas Nützliches zustande bringen.[11]

Ein ähnlicher Mißbrauch wird allgemein mit dem Begriff der «Nächstenliebe» getrieben: Es scheint, daß einer neuen

Weisung zufolge die Katholiken ihre Gegner nicht mehr aus «Selbstsucht» zu «verurteilen» und als Feinde zu betrachten, sondern aus «Nächstenliebe» zu verstehen hätten; auch da liegt eine Verwechslung zweier ganz verschiedener Bereiche vor. In Wirklichkeit ist die Lage ganz einfach: Angesichts einer gemeinsamen Gefahr werden die Gegensätze zwischen jenen, die bedroht sind, auf einmal geringfügig, das heißt, der Gegensatz zwischen dem Angreifenden und seinen Opfern ist ungleich größer als der, welcher die Opfer voneinander trennt. In Abwesenheit des Angreifers und seiner Drohung aber bleiben die nun mal vorhandenen Gegensätze so heftig oder auch so wirklich wie je. In einer gewissen Hinsicht ist der Gegensatz zwischen Katholizismus und Protestantismus wesentlich und unauflösbar; in einer anderen Hinsicht gilt, daß sowohl Katholiken als auch Protestanten an Gott, an Christus und an das zukünftige Leben glauben. Zu behaupten, daß die Protestanten für die Katholiken in keiner Beziehung Gegner seien, oder umgekehrt, ist ebenso unlogisch wie die Behauptung, daß beide Teile keine gemeinsamen Ideen noch Interessen hätten. Jahrhunderte gab es im Schoße des westlichen Europa praktisch keinen anderen Bekenntnisgegensatz, da das Protestantentum von seiner Geburt an und seiner Bestimmung nach den Anschauungen und Anliegen der römischen Kirche widersprach. Das aber nennt man «Gegnerschaft», selbst wenn man von aller Feindseligkeit zwischen Menschen absieht[12], mag das auch den Befürwortern einer neuen «Nächstenliebe» noch so mißfallen.

Heute aber hat sich die Lage grundsätzlich verändert, da die Ideen und Interessen, die allen Christen und sogar allen gläubigen Anhängern von irgendwelchen Religionen gemeinsam sind, durch eine neue Macht bedroht werden: durch den materialistischen und atheistischen Wissenschaftsglauben, gleich ob « linker» oder «rechter» Provenienz. Es ist klar, daß unter diesen Umständen nicht nur das Einende das Trennende in gewisser Hinsicht überwiegt, sondern auch die Gefahren, welche das eine Bekenntnis für das andere darstellt – oder gar die eine Religion für die andere[13] –, geringfügiger erscheinen oder verschwinden. Sich aber plötzlich und lauthals auf eine «Nächstenliebe» zu berufen, die die Kirche seit einem Jahrhundert oder länger vergessen hätte, und diese «Nächstenliebe» der «Engherzigkeit» oder der «Selbstsucht» einer «überholten Zeit» gegenüberzustellen ist unbewußte Scheinheiligkeit – wie andere Schwärmereien solcher Art –, und das um so mehr, als diese sogenannte «Nächstenliebe» durch eine gewisse Verachtung der Theologie begünstigt wird, durch den Hang, alle lehrhaften und somit geistigen Elemente zu verflachen und zu verharmlosen.

Früher war eine Übereinstimmung eine Übereinstimmung und ein Widerspruch ein Widerspruch; heutzutage aber gibt man vor, all das zu lieben, was man nicht aus der Welt schaffen kann, und tut so, als glaube man, daß unsere Vorväter weder klug noch barmherzig genug gewesen seien, um zwischen den Ideen und den Menschen zu unterscheiden und unsterbliche Seelen unabhängig von den Irrtümern, die ihnen anhaften mögen, zu lieben. Wenn man uns vorhält, daß die Menge unfähig war oder noch ist, solch feine Unterschiede zu erfassen, so erwidern wir darauf, daß sie dies auch im umgekehrten Falle ist: Wenn man der Menge allzu viele feine Unterscheidungen zumutet, folgt daraus die Verwirrung der Ideen und Gleichgültigkeit; der Durchschnittsmensch ist eben so geartet, wie man ja leicht feststellen kann.

Wie dem auch sei: Einem Bekenntnisgegner predigen heißt, seine Seele retten wollen, also ihn in einem gewissen Sinne lieben; und den Gegner bekämpfen, heißt, die heilsbringende Botschaft Gottes verteidigen. Unsere Zeit, die sich so viel auf ihr « Verständnis» und ihre «Nächstenliebe» zugute hält – nur zu oft verbergen solche Worte bloß Geistesschwäche, Selbstzufriedenheit und Berechnung –, zeichnet sich ganz entschieden durch Verständnislosigkeit aus und durch Mangel an Willen, das zu verstehen, was die Menschen einer anderen Zeit dachten und taten, jene Menschen, die in vielen Fällen hundertmal besser waren als ihre Verleumder.

Doch kehren wir nach diesen Abschweifungen zu unseren mehr rückblickenden und in gewissem Sinne weniger zeitgemäßen Betrachtungen zurück.

Für den Ritter früherer Zeiten gab es im Grunde nur die Wahl zwischen zwei Dingen: dem Wagnis auf Leben und Tod oder dem Verzicht auf die Welt. Die Größe der Verantwortung, des Wagnisses oder des Opfers entspricht der Eigenschaft des «Adels»; edel leben heißt, in Gesellschaft des Todes leben, des leiblichen oder geistlichen Todes. Der Ritter durfte die klaffenden Risse im Dasein nicht übersehen; weil er die Dinge von oben zu betrachten hatte, mußte er stets ihre Nichtigkeit streifen. Dazu kommt, daß man andere nicht beherrschen kann, wenn man sich nicht selber zu beherrschen versteht; die innere Zucht macht die wesentliche Eignung zum Amte des Führers, des Richters und des Kriegers aus. Der wahre Adel, der übrigens nicht das ausschließliche Vorrecht eines Standes sein kann, bedingt ein klares Bewußtsein vom Wesen der Dinge und zugleich das großmütige Geschenk seiner selbst, er schließt also sowohl die Selbsttäuschung als auch die Niedrigkeit aus.[14]

Die fürstlichen Höfe müssen die Eigenschaft der Mitte, des Kerns, des Gipfels zum Ausdruck bringen, dürfen aber nicht – wie das leider allzuoft vorkam – zu falschen Paradiesen entarten; der schimmernde Traum von Versailles war ein Verrat, ein Feuerwerk ohne Sinn und Größe. Die Höfe sind normalerweise Heimstätten der Wissenschaft, der Kunst, der Prachtentfaltung, doch dürfen sie selbstverständlich nicht die Strenge der Sitten ausschließen, ganz im Gegenteil, denn die Askese widerspricht nicht der Eleganz, ebensowenig wie die Tugend der Schönheit oder umgekehrt. Die königlichen Prachtentfaltungen sind berechtigt – oder entschuldbar – wegen ihrer geistigen Sinnbildlichkeit und ihrer Ausstrahlung auf Politik und Kultur, auch wegen des «göttlichen Rechtes» Cäsars. Die Pracht des Hofes ist die «Liturgie» der vom Himmel verliehenen Autorität. Doch all das – wir betonen es nochmals – ist nichts, wenn die Fürsten oder der Adel im allgemeinen nicht in jeder Hinsicht ein gutes Beispiel geben, vor allem durch ihre Gottesfurcht, ohne die niemand das Recht hat, von anderen Hochschätzung und Gehorsam zu verlangen. Darin liegt eine der wichtigsten Aufgaben jener, die die Autorität und die Macht besitzen. Daß sie ihrem Amt in allzu vielen Fällen nicht entsprachen, hat ihren Untergang verursacht: Da sie den Himmel vergessen hatten, vergaß der Himmel sie.

Noch eine andere Feststellung drängt sich auf: Alle Manifestationen fürstlichen Glanzes, was immer auch ihr sinnbildlicher Gehalt und ihr künstlerischer Wert sein mag, tragen schon die metaphysischen Keime ihres Untergangs in sich. Strenggenommen ist nur der Einsiedler unbedingt im Recht, denn der Mensch wurde allein erschaffen und stirbt allein. Wir denken hier an den Einsiedler, weil er ein Prinzip darstellt und also selbst ein Sinnbild ist, ohne daß wir deshalb die äußere Absonderung mit der heiligen Einsamkeit gleichsetzten, die in allen menschlichen Lagen ihren Platz finden sollte. Die gesellschaftlichen Tugenden sind ohne diese Einsamkeit nichts; ohne sie vermögen sie nichts Dauerndes zu schaffen, denn bevor man handelt, muß man sein. Diese Eigenschaft des Seins ist es, die den heutigen Menschen am bittersten not tut. Das Vergessen der Einsamkeit in Gott – dieses irdischen Teilhabens an den himmlischen Maßstäben – ist es, welches allen menschlichen Niedergang sowie alles irdische Unheil nach sich zieht.

Wir könnten es auch folgendermaßen ausdrücken: In einer überlieferungstreuen Welt leben die Menschen so, als wären sie mit einem unsichtbaren Ur- und Vorbild verbunden, dem sie ihrer besonderen Lage entsprechend und je nach ihrer größeren oder geringeren Aufrichtigkeit und Berufung zu gleichen trachten. Jeder Mensch aber sollte ein geistig Schauender sein und unter seinesgleichen wie ein Einsiedler leben, denn das ist seine wahre Bestimmung. «Weltlichkeit» ist streng genommen eine Entartung, scheinbar normal ist sie nur durch den «Sündenfall» – oder die aufeinander folgenden «Sündenfälle» – des Menschen oder einer bestimmten Gruppe von Menschen geworden. Wir sind für das Absolute geschaffen, das alles umfaßt und dem niemand entgehen kann, und das ist es, was das monotheistische Entweder-Oder der beiden jenseitigen «Ewigkeiten» vortrefflich ausdrückt. Wie groß auch die metaphysische Begrenztheit dieser Anschauung sein mag, sie weckt jedenfalls in der Seele der Gläubigen eine wirklichkeitsgemäße Ahnung dessen, was der menschliche Zustand jenseits der irdischen Hülle und angesichts des Unendlichen ist. Vom Standpunkt der ganzen Wahrheit aus mag dieses Entweder-Oder zu einseitig gefaßt sein, aber es ist dennoch psychologisch richtig und mystisch wirksam. Wie viele Leben werden nicht vergeudet, nur weil dieser Glaube an die Hölle und das Paradies fehlt!

Der Mönch, der Einsiedler, ja, jeder geistig beschauliche Mensch lebt gleichsam im Vorzimmer des Himmels.[15] Auf Erden schon, in diesem Leibe, ist er mit dem Himmel verbunden und wie eingeschlossen in einer Verlängerung jenes zu Kristallen geronnenen Lichtes, aus dem die himmlischen Zustände gemacht sind. Man versteht so, daß die Mönche in ihrem Klosterleben das «Paradies auf Erden» finden. Sie ruhen sich einfach im göttlichen Willen aus und erwarten in dieser Welt nur noch den Tod, und auf diese Weise überwinden sie ihn bereits; sie leben hier schon der Ewigkeit gemäß. Die Tage, die aufeinander folgen, wiederholen nur immerzu denselben Tag Gottes; die Zeit steht still in einem einzigen, glückseligen Tage und kehrt so zu ihrem Ursprung zurück, der zugleich auch die Mitte ist. Diese elysäische Gleichzeitigkeit ist es, die die alten Völker stets im Sinne hatten, wenigstens grundsätzlich und in ihrer Sehnsucht; eine Kultur ist ein «mystischer Leib», sie ist im Maße des Möglichen eine gemeinschaftliche Gottesschau.

Diese Betrachtungen führen uns zur entscheidenden Frage des Gehorsams, der so wesentlich ist in den normalen Kulturen und der von den Modernen so wenig verstanden wird, obwohl sie seine Notwendigkeit ohne weiteres akzeptieren, wenn es sich um gesellschaftliche Regeln handelt, mögen diese auch den elementarsten geistigen Rechten zuwider sein. Der Gehorsam ist an sich ein Mittel der inneren Vervollkommnung, vorausgesetzt, er fügt sich ganz in den Rahmen der Religion ein, wie das in allen überlieferungstreuen Welten der Fall ist. In diesem Rahmen muß der Mensch ohnehin jemandem oder etwas gehorchen, und sei es auch nur dem geoffenbarten Gesetz und seinem eigenen Gewissen, wenn es sich um einen Fürsten oder um das Oberhaupt einer Kirche handelt. Nichts und niemand ist unabhängig von Gott. Die Unterordnung der Frauen, der Kinder, der Untergebenen und der Diener fügt sich ganz natürlich in die vielfältige Abstufung des Gehorsams ein, aus der die gläubige Gemeinschaft besteht.

Die Abhängigkeit von anderen kann ein schmerzliches Schicksal sein, sie hat aber immer einen glaubensmäßigen Sinn, ebenso wie die Armut, die ihrem Wesen nach gleichfalls einen solchen Sinn in sich birgt. Vom Standpunkt der Religion aus sind die Reichen und Unabhängigen nicht ohne weiteres auch die Glücklichen. Nicht als ob Wohlstand und Freiheit in einer solchen Gesellschaft kein Anlaß zu Glück sein könnten; sie sind es aber, von eben dem Standpunkt aus gesehen, nur in Verbindung mit Frömmigkeit und kraft derselben, was uns zu der Regel *noblesse oblige* zurückführt. Wenn die Frömmigkeit außerhalb des irdischen Wohlstands vorkommt, Gottlosigkeit dagegen sich mit dem Wohlstand verbindet, wird das wahre Glück der frommen Armut zugeschrieben, nicht dem gottlosen Reichtum. Es ist reine Verleumdung zu behaupten, daß die Religion als solche oder in ihren Einrichtungen stets auf seiten der Reichen gewesen sei. Einerseits ist die Religion dazu da, jene Menschen zu verändern, die bereit sind, sich verändern zu lassen; andrerseits aber muß sie die Menschen so nehmen, wie sie sind, mit all ihren natürlichen Rechten und ihren auf der gemeinschaftlichen Ebene nicht auszurottenden Fehlern, wenn sie – die Religion – überhaupt im menschlichen Bereich bestehen will.

In diesem Zusammenhang drängt sich eine andere Überlegung auf, mag sie nun angenehm sein oder nicht: Eine Gesellschaft hat an sich oder einfach deshalb, weil sie da ist, keinerlei Wert. Daraus folgt, daß die gesellschaftlichen Tugenden für sich genommen und außerhalb der geistigen Sicht, die sie auf unsere höchsten Ziele ausrichtet, nichts sind; das Gegenteil behaupten heißt, die Wesensbestimmung des Menschen und des Menschlichen zu verkennen. Das höchste Gesetz ist die vollkommene Liebe Gottes, die der Heiligen Schrift gemäß unser ganzes Wesen erfassen soll, und das zweite Gesetz, das der Nächstenliebe, ist dem ersten «gleich»; gleich aber bedeutet nicht «gleichwertig» und vor allem nicht «überlegen», sondern «gleichen Geistes». Christus wollte damit sagen, daß sich die Liebe zu Gott nach außen hin durch die Liebe zum Nächsten kundtut, da, wo es einen Nächsten gibt; das heißt, daß wir nicht Gott lieben und zugleich unsere Mitmenschen hassen können. Unserer ganzen menschlichen Natur gemäß ist die Liebe zum Nächsten nichts ohne die Liebe zu Gott; sie empfängt ihren Wert aus dieser Liebe und hat ohne sie keinen Sinn. Gewiß, das Geschöpf lieben ist eine bestimmte Art und Weise, den Schöpfer zu lieben, doch nur unter der ausdrücklichen Voraussetzung, daß die Grundlage davon die Liebe zu Gott selber sei, denn sonst wäre das zweite Gesetz nicht das zweite, sondern das erste. Es steht aber nicht geschrieben, daß das erste Gesetz dem zweiten «gleich» sei, sondern daß dieses jenem gleiche, was bedeutet, daß die Liebe Gottes die notwendige Grundlage und die *conditio sine qua non* aller anderen *caritas* ist. Dasselbe Verhältnis tritt – manchmal in unvollkommener Weise, aber stets grundsätzlich erkennbar – in allen überlieferungstreuen Kulturen zutage.

Keine Welt ist vollkommen, doch muß jede menschliche Welt Mittel zur Vervollkommnung besitzen. Eine Welt hat einen Wert und das Recht zum Dasein nach Maßgabe dessen, was sie aus Liebe zu Gott tut, und dafür allein. Unter «Liebe zu Gott» aber verstehen wir zunächst die Wahl der Wahrheit und dann die Ausrichtung des Willens: der Wahrheit, die uns der absoluten und transzendenten – zugleich persönlichen und überpersönlichen – Wirklichkeit bewußt werden läßt, und des Willens, der sich daran heftet und darin sein eigenes übernatürliches Wesen und sein höchstes Ziel wiedererkennt.

DER SÜNDENFALL DES GEISTES

Der Mensch des Altertums und des Mittelalters dachte gegenständlich, in dem Sinn, daß sein Geist noch entschieden vom Gegenstand, vom «Objekt»[16] her bestimmt wurde, und das sowohl auf der Ebene der Ideen wie auch auf jener der Sinnendinge. Er war jedenfalls weit entfernt vom Relativismus der Modernen, der die objektive Wirklichkeit auf natürliche Zufälligkeiten ohne höhere Tragweite und ohne sinnbildlichen Wert reduziert; ebenso entfernt war er vom «Psychologismus», der den Wert des erkennenden Subjekts in Frage stellt und damit praktisch den Begriff der Intelligenz selbst verneint. Es ist kein Widersinn, von einem Gegenstand, einem «Objekt» auf rein geistiger Ebene zu sprechen, denn wenn eine Idee als gedankliche Erscheinung auch zweifellos eine ichbezogene, «subjektive» Gegebenheit darstellt, ist sie doch zugleich und mit demselben Recht wie jede sinnlich wahrnehmbare Erscheinung ein «Gegenstand» für den erkennenden Geist. Die Wahrheit kommt gewissermaßen von außen her, sie bietet sich dem Ich dar, das sie annehmen kann oder auch nicht.

Der Mensch früherer Zeiten war, indem er sich gleichsam an den Gegenständen seines Erkennens oder seines Glaubens festhielt, viel weniger geneigt, den psychologischen Beiläufigkeiten irgendeine bestimmende Rolle beizumessen; seine seelischen Antworten waren, so heftig sie auch sein mochten, vom Gegenstand abhängig und hatten dadurch in seinem Bewußtsein einen gewissermaßen sachlichen Charakter. Der Gegenstand der Erkenntnis als solcher, das heißt der Gegenstand in seiner objektiven Natur war das Wirkliche, die Grundlage, das Unwandelbare, und dadurch, daß man den Gegenstand festhielt, erfaßte man auch das ihn erkennende Subjekt; dieses war durch jenen verbürgt. Wohl verstanden: Für viele Menschen und in gewissem Sinne für alle Menschen heilen Geistes verhält es sich immer noch so, allein, unsere Absicht ist hier, gewisse andere Einstellungen zu kennzeichnen, auch auf die Gefahr hin, gemeinplätzig zu erscheinen. Gewiß lassen sich die betreffenden Einstellungen nur ungefähr abgrenzen, sind sie doch notwendigerweise vielschichtiger Natur. Jedenfalls ist die selbstgefällige Nachgiebigkeit gegenüber dem Subjekt stets ein Verrat am Objekt; das heißt, daß der Mensch früherer Zeiten den Eindruck gehabt hätte, den Gegenstand seines Erkennens zu entstellen oder ihn gar zu verlieren, wenn er dem ichhaften Pol seines Bewußtseins zuviel Aufmerksamkeit geschenkt hätte.

Erst seit der Renaissance ist der Europäer «reflexiv», das heißt gewissermaßen subjektiv geworden. Es ist wahr, daß die Selbstbetrachtung ihrerseits einen vollkommen objektiven Charakter haben kann, ebenso wie andrerseits eine von außen her empfangene Idee infolge der gefühlshaften und ichbezogenen Einstellung des Subjekts einen subjektiven Charakter besitzen mag. Doch das ist es nicht, was wir hier meinen; wir wollen nur sagen, daß der Mensch der Renaissance angefangen hat, die gedanklichen Spiegelungen und die seelischen Eindrücke zu zergliedern und sich so für den Pol «Subjekt» auf Kosten des Pols «Objekt» zu interessieren, und da er auf diese Art «subjektiv» geworden war, verlor er den sinnbildlichen Charakter der Dinge aus den Augen und wurde rationalistisch, denn die *ratio* in diesem Sinne ist nichts anderes als das denkende Ich. Das erklärt unter anderem die psychologische und deskriptive Denkweise der großen spanischen Mystiker, eine Denkweise, die man fälschlicherweise für überlegen gehalten hat.

Dieser Übergang von der gegenstandsbezogenen zur ichbezogenen Sinnesart, vom «Objektivismus» zum «Subjektivismus», wiederholt auf seine Weise den Fall Adams und den Verlust des Paradieses: Indem man die sinnbildliche und beschauliche Sicht verlor, die zugleich auf dem unpersönlichen Erkennen und der metaphysischen Transparenz der Dinge beruht, gewann man nur den trügerischen Reichtum des Ichs; die Welt der göttlichen Bilder ist zu einer Welt von Redekünsten geworden. In allen solchen Fällen verschließt sich der Himmel – oder ein Himmel – über uns, ohne daß wir dessen gewahr werden, und zum Ausgleich dafür entdecken wir eine, wie uns scheint, seit langem verkannte Erde, eine Heimat, die ihre Arme öffnet, um ihre Kinder aufzunehmen, und die uns alle verlorenen Paradiese vergessen machen will: Das ist die Umarmung der *Mâyâ*, der Gesang der Sirenen; *Mâyâ* schließt uns ein, anstatt uns zu leiten.

Die Renaissance glaubte, den Menschen wiederzuentdecken; für das kirchenfeindliche Laientum jeglicher Couleur war nun der Mensch als solcher auf einmal gut geworden, und wie er war auch die Erde gut und gleichsam unabsehbar reich und unerforscht. Anstatt nur «halb zu leben», konnte man endlich aus dem Vollen leben, ganz Mensch und ganz auf der Erde sein; man war nicht mehr bloß eine Art gefallener und ausgestoßener Halbengel; jetzt war man ein ganzes Wesen geworden, doch von unten her. Die Reformation hatte, wie tief auch gewisse ihrer Einsichten sein mochten, insgesamt zur Folge, daß man Gott in den Himmel sperrte – in einen nunmehr fernen und zunehmend entmachteten Himmel –, unter dem Vorwand, daß uns Gott ja «durch Christus» nahe sei, in einer gleichsam biblischen Atmosphäre, und daß er uns ähnlich sei, so wie wir ihm ähnlich sind. In dieser Atmosphäre entfaltete sich ein fast wunderbarer Reichtum auf seiten des «Subjekts» und der «Erde», während zugleich die Seite «Objekt» und « Himmel» eine unerhörte Verarmung erfuhr.

Für die Französische Revolution war die Erde endgültig und ausschließlich das Ziel des Menschen geworden; der

Begriff des *Etre Suprême* war nur ein lächerlicher Notbehelf. Die scheinbar unendliche Vielheit der irdischen Dinge rief eine Unzahl neuer Tätigkeiten hervor, die einen Vorwand boten gegen die Beschaulichkeit, das heißt gegen das Ruhen im «Sein», im tiefen Wesen der Dinge. Endlich konnte man sich frei und diesseits von aller Transzendenz mit der Entdeckung der irdischen Welt und der Ausbeutung ihrer Reichtümer befassen; es gab keine Sinnbilder mehr, keine metaphysische Transparenz, es gab nur noch angenehme oder unangenehme, nützliche oder unnütze Dinge, und da her kam die ungezügelte und unverantwortliche Entwicklung der Erfahrungswissenschaften. Daß zu eben jener Zeit und überhaupt seither plötzlich eine von vielen genialen Persönlichkeiten getragene Bildung aufblühte, scheint dem trügerischen Eindruck von Befreiung und Fortschritt in einer «großen Epoche» recht zu geben, während in Wirklichkeit all das nur einen Ausgleich auf einer unteren Ebene darstellt, wie er nicht ausbleiben kann, wenn eine höhere Ebene preisgegeben wird.

Nun, da der Himmel verschlossen ist und der Mensch praktisch an Gottes Statt gesetzt wurde, hat man die objektiven Maßstäbe der Dinge grundsätzlich oder tatsächlich verloren. Man hat sie durch subjektive Maßstäbe ersetzt, durch rein menschliche und willkürliche Wertungen und hat sich damit einer Bewegung ausgeliefert, die nicht mehr haltmachen kann, weil es mangels der himmlischen und ruhenden Normen keinen Grund mehr gibt, warum sie haltmachen sollte, so daß man schließlich dahin gelangt, die menschlichen Maßstäbe durch untermenschliche zu ersetzen, um schlußendlich den Begriff der Wahrheit selbst aufzuheben. Als mildernder Umstand für all das – denn es gibt immer solche, wenigstens für einzelne Menschen – kann gelten, daß an der Schwelle eines jeden neuen Abfalls die bestehende Ordnung ein Höchstmaß an Fehlentwicklungen und Verderbtheiten aufweist, so daß die Versuchung, einer äußerlich beschmutzten Wahrheit einen scheinbar sauberen Irrtum vorzuziehen, besonders stark ist. In den noch überlieferungstreuen Kulturen tun die weltlichen Elemente alles, um die absoluten Prinzipien in den Augen der Mehrheit unglaubwürdig zu machen, was ihnen um so leichter fällt, als die Menge selbst zu einer nicht aristokratischen und spielerischen, sondern schwerfälligen und kleinlichen Weltlichkeit neigt; nicht das Volk ist Opfer der Theokratie, nein, diese ist Opfer – zuerst der aristokratischen Weltlichen und dann des von ihnen verführten und schließlich sich auflehnenden Volkes.[17] Das, was man den «Sinn der Geschichte» genannt hat, ist in Wirklichkeit nur das Gesetz der Schwere.

Daß die Maßstäbe des Menschen früherer Zeiten himmlisch und in sich ruhend waren, bedeutet, mit anderen Worten, daß er noch «im Raume» lebte: Die Zeit war nur Ausdruck jener Hinfälligkeit, die an den Dingen nagt, und der gegenüber sich die sozusagen «räumlichen», das heißt dauerhaften, weil endgültigen Werte immer wieder behaupten mußten. Der Raum stellt sinnbildlich den Ursprung und die Unwandelbarkeit dar; die Zeit ist der Niedergang, der uns dem Ursprung entfremdet, wenn uns dieser Niedergang auch letzten Endes zum Messias, dem großen Befreier, und zur Begegnung mit Gott hinführt. Dadurch, daß er die himmlischen Maßstäbe verwarf oder verlor, ist der Mensch zum Opfer der Zeit geworden; indem er die Maschinen erfand, welche die Dauer verzehren, hat er sich dem Frieden des Raums entrissen und sich in einen Wirbel ohne Ausweg geworfen.

Die zeitgenössische Denkweise trachtet in der Tat danach, alles auf zeitliche Kategorien zu beschränken: Ein Kunstwerk, ein Gedanke, eine Wahrheit besitzen demnach ihren Wert nicht an sich und abgesehen von aller geschichtlichen Einteilung, sondern lediglich im Hinblick auf die Zeit, der man sie zu Recht oder Unrecht zuordnet. Alles betrachtet man als Ausdruck einer «Zeit», nicht eines zeitlosen und in sich ruhenden Wertes, und das entspricht durchaus dem modernen Relativismus, diesem Psychologismus und Biologis mus, der allen wesentlichen Werten feind ist.[18] Diese Art von Philosophie schöpft ihre größte Erfindungskraft aus dem, was in der Tat nichts anderes ist als der Haß Gottes. Doch weil es nicht gut angeht, geradenwegs einen Gott zu schmähen, an den man nicht glaubt, so schmäht man ihn mittelbar in den Naturgesetzen,[19] man geht sogar so weit, die Gestalt des Menschen zu verleumden wie auch seine Intelligenz – eben jene, mit der man denkt und schmäht. So entgeht man dennoch nicht der im Wesen des Menschen liegenden Wahrheit: «Je mehr er lästert» – sagt Meister Eckhart –, «um so mehr lobt er Gott.»

Wir erwähnten vorhin den Übergang vom gegenständlichen, «objektiven» Denken zum sich selbst bespiegelnden, ichhaften oder «subjektiven» Denken – worauf Maritain hingewiesen hat – und hoben dabei den fragwürdigen Charakter dieser Entwicklung hervor. Das zwangsläufige Ergebnis der mehr und mehr vorherrschenden Selbstbespiegelung des Denkens ist eine allgemeine Entwertung des Wortes, was zur Folge hat, daß man für den objektiven Wert geistiger Lehrformen immer unempfindlicher wird. Man hat sich daran gewöhnt, alles gedankenlos in eine lange Reihe von oberflächlichen und oft nur eingebildeten Kategorien einzuordnen, so daß man die entscheidendsten und an sich offenbarsten Wahrheiten verkennt, weil man sie zwangsläufig als «schon dagewesen» abstempelt, ohne sich zu fragen, ob diese Feststellung irgendein Verstehen in sich birgt oder nicht; Jakob Böhme, das ist Theosophie, also «blättern wir die Seite um». Solche Gewohnheiten hindern einen daran, die «erlebte Schau» des Weisen von der geistreichen Gewandtheit des weltlichen «Denkers» zu unterscheiden; man sieht überall nur noch «Literatur» und dazu noch die Literatur einer bestimmten «Zeit». Aber die Wahrheit gehört niemandem; die Bäume blühen, und die Sonne geht auf, ohne daß jemand die Frage zu stellen hat, wer sie denn aus der Stille und dem Dunkel hervorzieht, und die Vögel, die singen, haben keinen Namen.

Im Mittelalter gibt es nur zwei oder drei Vorbilder von Größe: den Heiligen, den Helden und auch den Weisen, und auf einer etwas niedrigeren Ebene und gleichsam als Spiegelbilder den Pontifex und den Fürsten; das «Genie» und der «Künstler», diese Größen der Laienwelt, sind noch nicht geboren. Die Heiligen und die Helden sind wie die irdischen Erscheinungen der Gestirne; nach ihrem Tod steigen sie wieder zum Sternenhimmel empor, an ihren ewigen Platz. Sie sind fast reine Sinnbilder, geistige Zeichen, nur vorübergehend losgelöst vom himmlischen Ikonostas, dem sie seit Erschaffung der Welt angehört hatten.

Die moderne Wissenschaft mit ihrer schwindelerregenden, in geometrischem Fortschritt sich beschleunigenden Fahrt in einen Abgrund ist ein anderes Beispiel für diesen Verlust des «räumlichen» Gleichgewichts, das den beschaulichen und in sich ruhenden Kulturen eigen ist. Wir tadeln diese Wissenschaft – und damit sind wir gewiß weder die ersten noch die einzigen – nicht insofern, als sie diesen oder jenen begrenzten Bereich innerhalb der Schranken ihrer Zuständigkeit erforscht, sondern nur insofern, als sie grundsätzlich Anspruch auf eine umfassende Erkenntnis erhebt und sich Schlüsse zu ziehen erlaubt, die übersinnliche und wahrhaft geistige Erkenntnisse voraussetzen, das heißt eben jene Erkenntnisse, deren Möglichkeit diese Wissenschaft von vornherein verwirft. Mit anderen Worten ausgedrückt: Die Grundlagen dieser Wissenschaft sind deshalb falsch, weil sie auf seiten des Subjekts den Intellekt und die Offenbarung durch die Ratio und die Erfahrung ersetzt – als wäre es nicht widersinnig, auf Grund der bloßen Erfahrung eine Gesamtschau erreichen zu wollen – und weil sie auf seiten des Objekts den Urstoff durch die bloße Materie ersetzt, indem sie zugleich den Urgrund des Alls verneint bzw. ihn auf die Materie oder auf irgendeinen anderen, jedes transzendenten Charakters baren Schein-Urgrund herabwürdigt.

In jedem Zeitalter und in allen Ländern hat es Offenbarungen, Religionen und Weisheitslehren gegeben; die Überlieferung gehört zum Menschen, so wie er selbst der Überlieferung angehört. Die Offenbarung ist in gewisser Hinsicht untrügliche Erkenntnis, deren Subjekt die ganze Gemeinschaft ist, insofern diese der Vorsehung nach zum Gefäß einer Kundgebung des universalen Intellekts geworden ist. Die Quelle dieser Erkenntnisse aber ist natürlich nicht die Gemeinschaft als solche, sondern der universale oder göttliche Intellekt, der sich den Bedingungen einer bestimmten geistigen und sittlichen Gemeinschaft angleicht, sei das nun eine ethnische oder eine durch mehr oder weniger besondere Denkweisen gekennzeichnete Gruppe. Daß die Offenbarung «übernatürlich» ist, bedeutet nicht, daß sie der Natur widerspricht, der diese auf irgendeiner Ebene von Wirklichkeit alles, was möglich ist, mittelbar darzustellen vermag, es bedeutet vielmehr, daß sie nicht von jener Ebene abhängt, die man – zu Recht oder Unrecht – als «natürlich» zu bezeichnen pflegt. Die «natürliche» Ebene ist einfach die der physischen Ursachen, also der sinnlichen und psychischen Erscheinungen, soweit diese von eben jenen Ursachen abhängen.

Wenn also auch kein Grund vorliegt, die moderne Wissenschaft dafür zu tadeln, daß sie irgendeinen Bereich innerhalb der Grenzen ihrer Zuständigkeit erforscht – die Genauigkeit und Wirksamkeit ihrer Ergebnisse geben ihr darin Recht –, so muß man doch folgenden wichtigen Vorbehalt machen: Die Entwicklung einer Wissenschaft oder einer Kunst wird durch die Erfordernisse des geistigen Lebens und – nicht zu vergessen – durch die Erfordernisse des gesellschaftlichen Gleichgewichts bestimmt; es ist sinnlos, für etwas an sich Peripheres wie die Wissenschaft oder die Kunst auf unbeschränkte Rechte zu pochen. Dadurch, daß sie außerhalb ihres Bereichs keinerlei Möglichkeiten ernstzunehmenden Wissens akzeptiert, erhebt die Wissenschaft, wie wir sagten, Anspruch auf ausschließliche und allumfassende Erkenntnis, und das, obwohl sie sich selbst als rein empirisch und undogmatisch bestimmt, was ein offenbarer Widerspruch ist: Denn alle «Dogmatik» und allen «Apriorismus» verwerfen, heißt einfach, nicht von seiner ganzen Intelligenz Gebrauch zu machen.

Man erwartet von der Wissenschaft, daß sie uns nicht nur darüber unterrichtet, was im Raume ist, sondern auch über das, was in der Zeit ist. Was die erste Art von Wissen anbelangt, so wird niemand bestreiten, daß die abendländische Wissenschaft in dieser Hinsicht Beobachtungen ohne Zahl verzeichnen kann, doch was die zweite Art betrifft, die uns enthüllen sollte, welche Geheimnisse die Abgründe der Dauer bergen, so ist die Wissenschaft unwissender als irgendein sibirischer Schamane, der sich wenigstens auf eine Mythologie, also auf eine richtige Sinnbildlichkeit stützen kann. Gewiß, es liegen Welten zwischen dem physischen und notgedrungen sehr beschränkten Wissen eines primitiven Jägers und dem eines modernen Physikers, gemessen aber an der Weite aller erkennbaren Dinge mißt diese Kluft nur Millimeter.

Doch die Genauigkeit selbst der modernen Wissenschaft oder gewisser ihrer Zweige ist ernstlich und ganz unerwartet durch das Eindringen der Psychoanalyse, ja des «Surrealismus» und anderer, zum System ausgebauter Kundgebungen des Verstandeswidrigen gefährdet; dazu gehört auch der Existentialismus, der, strenggenommen, nicht einmal verstandeswidrig, sondern schlußendlich einfach dumm ist.[20] Das ausschließlich Verstandesmäßige muß zwangsläufig solche Gegenbewegungen hervorrufen, wenigstens da, wo es besonders verwundbar ist, wie in der Psychologie oder der psychologischen – oder «psychologisierenden» – Deutung von Erscheinungen, deren Natur ihm notwendigerweise entgeht.

Es ist nicht erstaunlich, daß eine Wissenschaft, die aus dem Sündenfall – oder aus einem der vielen Sündenfälle – und aus der illusorischen Wiederentdeckung der sinnlichen Welt hervorging, ausschließlich die Wissenschaft des sinnlich

Wahrnehmbaren oder des potentiell Wahrnehmbaren[21] ist, und daß sie alles, was über diesen Bereich hinausgeht, leugnet, daß sie also Gott, das Jenseits und die Seele[22] leugnet und erst recht den Geist, der eben fähig ist, all das, was sie verwirft, zu erkennen. Aus demselben Grunde leugnet sie auch die Offenbarung, welche die durch den Fall eingestürzte Brücke wiederherstellt.

Nach den Beobachtungen der Erfahrungswissenschaft ist der blaue Himmel, der sich über uns wölbt, nicht eine Welt der Glückseligkeit, sondern eine optische Täuschung, die von der Zerteilung des Lichts in der Luft herrührt. Von diesem Standpunkt aus hat man natürlich recht zu leugnen, daß der Aufenthalt der Seligen dort oben sei. Allein, man hätte sehr unrecht zu leugnen, daß die Gedankenverbindung zwischen dem sichtbaren Himmel und dem himmlischen Paradies dem Wesen der Dinge selbst und nicht etwa der Unwissenheit und der mit Einbildung und Gefühl verbundenen Einfalt entsprungen ist, denn der blaue Himmel ist ein unmittelbares, wesensgemäßes Sinnbild der höheren, übersinnlichen Stufen des Daseins. Ja, er ist sogar ein ferner Abglanz jener Stufen, und das notwendigerweise, da er ein Symbol ist, das die heiligen Schriften und die einmütige Anschauung aller Völker bestätigen.[23] Diese sinnbildliche Eigenschaft ist so konkret und so wirksam, daß die himmlischen Kundgebungen, wenn sie sich in unserer sinnlichen Welt ereignen, zur Erde «herab» und zum Himmel «hinauf» steigen; die Sinnbildlichkeit entspricht genau der übersinnlichen Wirklichkeit, die sie widerspiegelt. Die Lichtjahre und die Bedingtheit des Verhältnisses von Raum und Zeit haben gar nichts zu tun mit der – durchaus »genauen» und «positiven» – Sinnbildlichkeit der Erscheinungen und ihrem sowohl auf Ähnlichkeit wie auch auf dem Sein beruhenden Zusammenhang mit den himmlischen und engelhaften Ordnungen. Daß das Sinnbild als solches nur eine optische Täuschung sein mag, nimmt ihm nichts von seiner Richtigkeit noch von seiner Wirksamkeit, denn alle Erscheinung, samt der des

Raumes und der Milchstraßen, ist, streng gefaßt, nur eine von der Verhältnismäßigkeit erzeugte Täuschung.

Die moderne Wissenschaft hat der Religion tödliche Wunden beigebracht, indem sie gewisse Fragen stellte, die im Grunde nur die Esoterik beantworten kann, und die in der Tat ungelöst bleiben, da die Esoterik kein Gehör mehr findet, heute weniger denn je. Angesichts dieser neuen Probleme ist die Religion wehrlos, und indem sie ungeschützt und tastend sich die Beweisgründe des Gegners anzueignen versucht, verfälscht sie unmerklich ihren eigenen Standpunkt und wird dazu gedrängt, sich mehr und mehr selber zu verleugnen. Gewiß, ihre Lehre bleibt davon unberührt, aber die irrtümlichen Meinungen, die sie ihren Verneinern entlehnt, höhlen sie insgeheim «von innen her» aus, wie das die moderne Bibelauslegung, die demagogische Verflachung der Liturgie, die teilhardsche Evolutionslehre, die «Arbeiterpriester», die «heilige Kunst» «surrealistischer» und «abstrakter» Richtung zur Genüge zeigen. Die wissenschaftlichen Entdeckungen beweisen wohlverstanden nichts gegen den überlieferten Stand der Religion, aber niemand macht das klar. Allzu viele Gläubige meinen im Gegenteil, daß es an der Religion sei, «den Staub der Jahrhunderte abzuschütteln», das heißt, sich all dessen zu entledigen, was eigentlich ihr Wesen ausmacht oder von diesem kündet. Das Fehlen metaphysischer oder esoterischer Erkenntnisse einerseits und der betörende Einfluß der wissenschaftlichen Entdeckungen sowie der Massenpsychosen andrerseits machen die Religion zu einem wehrlosen Opfer, das sich sogar mehr und mehr weigert, die Beweisgründe, die ihm zur Verfügung stehen, zur eigenen Verteidigung zu gebrauchen. Dabei wäre es leicht, anstatt in die Irrtümer der anderen hineinzugleiten, klarzumachen, daß die vom Wissenschaftsglauben geschaffene Welt überall dazu neigt, aus dem Mittel den Zweck und aus dem Zweck ein Mittel zu machen, und daß sie entweder auf eine Mystik des Neides, der Bitterkeit und des Hasses oder auf einen dummseligen und gleichmacherischen Materialismus hinausläuft; daß die Wissenschaft, wenn sie auch an sich unparteiisch ist – denn Tatsachen sind Tatsachen – dennoch in den Händen des Menschen zu einem Samen des Verderbens und der Vernichtung wird, da der Mensch im allgemeinen keine genügende Kenntnis vom tiefen Wesen des Daseins besitzt, um die wissenschaftlichen Gegebenheiten in eine Gesamtschau der Welt einzuordnen und damit entwaffnen zu können; daß die philosophischen Folgerungen der Wissenschaft grundsätzliche Widersprüche enthalten; daß der Mensch noch nie so schlecht erkannt und so falsch interpretiert worden ist wie seit dem Augenblick, da man ihn den «Röntgenstrahlen» einer Psychologie aussetzte, die auf durchaus falschen und der Natur zuwiderlaufenden Voraussetzungen basiert.

Die moderne Wissenschaft stellt sich der Welt als hauptsächlichen oder einzigen Besitzer von Wahrheit dar; nach dieser Art von Gewißheit hieße, Karl den Großen zu kennen, zu wissen, wieviel sein Schädel wog und was sein Körper maß. Vom Standpunkt der allumfassenden Wahrheit aus ist es – um es noch einmal zu wiederholen – vieltausendmal besser zu glauben, daß Gott die Welt in sechs Tagen erschaffen habe und das Jenseits unter der Erdscheibe oder im kreisenden Himmel sei, als den Abstand von einem Spiralnebel zum anderen zu kennen, während man gleichzeitig nicht weiß, daß die Erscheinungen eine transzendente Wirklichkeit versinnbildlichen, die uns allseitig umgibt und unserem menschlichen Dasein seinen ganzen Sinn und Gehalt verleiht. Darum haben auch die großen Überlieferungen im Bewußtsein, daß ein promethisches Wissen nur zum Verlust der wesentlichen und heilbringenden Wahrheit führen kann, niemals diese Anhäufung ganz äußerlicher und in der Tat für den Menschen tödlicher Kenntnisse verlangt oder ermutigt. Man verkündet gemeinhin, daß diese oder jene wissenschaftliche Errungenschaft dem «Menschengeschlecht Ehre bereite» und andere Albernheiten dieser Art, als ob der Mensch seiner Natur anders Ehre erweisen könnte als dadurch, daß er sie übersteigt, und als ob er sie anders übersteigen könnte als im Bewußtsein des Absoluten und durch die Heiligkeit.

Nach Meinung unserer meisten Zeitgenossen rechtfertigt sich die forschende Wissenschaft durch ihre Ergebnisse, die von einem bestimmten und beschränkten Standpunkt aus gesehen in der Tat blendend sind. Man läßt aber gern außer acht, nicht nur, daß schlußendlich die schlechten Ergebnisse die guten überwiegen, sondern auch die geistige Verwüstung, die der Wissenschaftsglaube von vornherein und seinem Wesen nach mit sich bringt; eine Verwüstung, die die guten – aber immer äußerlichen und bruchstückhaften – Errungenschaften der Wissenschaft nicht aufzuwiegen vermöge. Es ist heutzutage fast eine Kühnheit, an das meist vergessene Wort Christi zu erinnern: «Was hülfe es dem Menschen, wenn er die ganze Welt gewönne und Schaden nähme an seiner Seele?»

Wenn sich der Ungläubige gegen den Gedanken auflehnt, daß all seine Taten gewogen werden, daß er gerichtet und gegebenenfalls von einem Gott, den er nicht «sieht», verdammt wird, und daß er seine Fehler, ja sogar bloß seine Sünde der Gleichgültigkeit büßen muß – so kommt das daher, daß er keinen Sinn mehr hat für das den Dingen innewohnende Gleichgewicht und für die Erhabenheit des Daseins, insbesondere aber des menschlichen Daseins blind ist. Dasein ist nichts Geringfügiges – niemand kann auch nur ein einziges Staubkörnchen aus dem Nichts hervorbringen. Desgleichen ist das Bewußtsein nicht nichts; wir vermöchten einem unbelebten Gegenstand kein Atom davon mitzuteilen. Die Kluft zwischen dem Nichts und dem geringsten Etwas ist absolut, und das ist im Grunde die Absolutheit Gottes.[24]

Das Grauenvolle bei jenen, die behaupten, Gott sei «tot» oder gar «begraben»,[25] ist die Tatsache, daß sie sich damit selbst an die Stelle dessen setzen, was sie negieren: Auch wenn sie es nicht wollen, psychologisch füllen sie die Leere aus, die das Fehlen des Begriffs «Gott» zurückläßt, was ihnen vorläufig – und widersprüchlicherweise – eine falsche Überlegenheit und sogar eine Art von Schein-Absolutheit verleiht, oder auch eine Art von falschem Realismus voll hochfahrendem und eisigem Gehaben mit gelegentlich herausgestellter falscher Demut. Auf einen Schlag ist ihre Existenz und die der Welt furchtbar einsam angesichts der Leere, die der «nicht-daseiende Gott»[26] zurückgelassen hat; die Welt und sie selber sind es nun – sie, die Gehirne der Welt! –, die das ganze Gewicht des Alls tragen, anstatt darin ruhen zu können, wie es die menschliche Natur und vor allem die Wahrheit verlangen. Ihr armseliges ichhaftes Dasein – und nicht etwa das Dasein als solches, insofern sie daran teilhaben und das ihnen «sinnlos» vorkommt in dem Maße, als sie überhaupt eine Auffassung davon besitzen[27] –, ihr eigenes Dasein also ist nun dazu verdammt, eine Art Gottheit oder vielmehr eine Scheingottheit zu sein, und daher kommt dieser Anschein von Überlegenheit, von der wir sprechen, diese marmorne Gelassenheit, die sich gern mit einem aus Bitterkeit gewobenen und im Grunde gegen Gott gerichteten Mitleid verbindet.

Die künstliche Vereinsamung, um die es sich handelt, erklärt übrigens die Mystik des «Nichts» und der «Angst» wie auch das erstaunliche Rezept der befreienden Tat oder des «Einsatzes», des *engagement*: Der Mensch, der des göttlichen Ursprungs entbehrt oder seiner zu entbehren glaubt, muß denselben, um nicht im eigenen Nichts zu versinken, durch etwas ersetzen, nämlich durch den tätigen «Einsatz».[28] All das aber ist im Grunde nichts anderes als eine durch Einbildung und Gefühl bestimmte Abdankung vor der Maschine: Weil die Maschine nur durch das, was sie erzeugt, Wert hat, besteht auch der Mensch nur durch das, was er tut, nicht durch das, was er ist; der nur im Hinblick auf seine Tätigkeit bestimmbare Mensch aber ist kein Mensch mehr, er ist ein Biber oder eine Ameise.

In diesem Zusammenhang muß man auch auf das Bedürfnis nach falschen Absoluta hinweisen, das sich auf allen Ebenen geltend macht und von dem die dumme Dramatik der modernen Künstler herrührt. Der Mensch früherer Zeiten, der einen Sinn für die Verhältnismäßigkeit der Werte besaß und jedes Ding an seinen Platz stellte, erscheint dann als mittelmäßig, nachgiebig und scheinheilig. Die mystische Inbrunst, die in der menschlichen Natur liegt, wird von ihren eigentlichen Gegenständen abgelenkt und sinnlos verschwendet; man überträgt sie auf ein Stilleben oder ein Theaterstück, wenn nicht gar auf jene Gemeinplätze, die das Reich der Maschine und der Masse kennzeichnen.

Ganz abgesehen vom theoretischen Atheismus und von den Auswüchsen der Kultur, bewegt sich der moderne Mensch in der Welt so, als wäre das Dasein nichts oder als hätte er es erfunden; es ist für ihn etwas so Gewöhnliches wie der Staub unter seinen Füßen – um so mehr, als er kein Bewußtsein von dem zugleich transzendenten und allgegenwärtigen Urgrund mehr hat –, und er verfügt darüber selbstsicher und unbesonnen inmitten eines entheiligten und damit sinnlos gewordenen Lebens. Alles wird durch ein Gewebe von Zufälligkeiten, Beziehungen und Vorurteilen hindurch wahrgenommen; keine Erscheinung wird mehr an und für sich, in ihrem Sein betrachtet und in ihrer Wurzel erfaßt; das Beiläufige hat sich den Rang des Absoluten widerrechtlich angeeignet; der Mensch denkt nur mehr kraft seiner durch die Ideologien wie auch durch die künstliche Umgebung verfälschten Vorstellungskraft. Die Jenseitslehren aber, mit all dem, was an ihnen übertrieben erscheint – nach dem Empfinden jener, die zum Evangelium nur ihren Materialismus und ihre Zerstreuung haben und deren Leben nichts als eine Flucht vor Gott ist –, diese Jenseitslehren geben den Maßstab für die kosmische Lage des Menschen. Was die Offenbarungen von uns fordern und was der Himmel uns auferlegt, ist nichts anderes, als was wir in Wirklichkeit sind, ob wir es nun wahrhaben wollen oder nicht. Im Grunde unseres Wesens wissen wir es, sobald wir uns nur etwas vom Wust der falschen Bilder befreien, die sich in unserem Geist eingenistet haben. Man sollte wieder fähig werden, den Wert des Daseins zu erfassen und mitten in der Vielfalt der Erscheinungen den Sinn des Menschen, die Maße des Wirklichen wiederfinden. Unsere Haltung gegenüber den überlieferten Jenseitslehren – oder gegenüber jener, die uns angeht – bestimmt den Grad unseres Verständnisses des Menschen.

Es gibt im Menschen etwas, das fähig ist, das Absolute zu ahnen und es sogar zu erreichen, und das deshalb selbst absolut ist. Von dieser Gegebenheit ausgehend, kann man die Verirrung jener ermessen, die es ganz natürlich finden, daß sie das Recht oder das Glück haben, ein Mensch zu sein, die es aber außerhalb der integralen Natur des Menschen und der Haltung, die diese bedingt, zu sein wünschen. Gewiß, die widersprüchliche Möglichkeit, diese Natur zu verneinen, gehört auch zu eben dieser Natur – denn Mensch sein, heißt, im Sinne des «verhältnismäßig Absoluten» frei sein –, so wie es eine menschliche Möglichkeit ist, dem Irrtum anzuhängen oder sich in einen Abgrund zu stürzen.

Wir sagten, daß die «Ungläubigen» nicht mehr den Sinn für das Nichts noch für das Dasein haben, daß sie dessen Preis nicht mehr kennen und es nie in seinem Verhältnis zum Nichts betrachten, von dem es sich so wunderbar abhebt. Denn die Wunder im engeren Sinn des Wortes sind im Grunde nur besondere Abwandlungen dieses uranfänglichen und allgegenwärtigen Wunders dazusein. Das Wunderbare und das Göttliche sind überall; der menschliche Geist ist der Abwesende.

Es gibt im Grunde genommen nur drei Wunder: Das Dasein, das Leben und die Erkenntnis; mit dieser kehrt der aus Gott entspringende Kreislauf in sich zurück, gleich einem Ring, der in Wirklichkeit nie aus dem Unendlichen herausgetreten ist.

Wenn man die moderne Welt mit den überlieferungstreuen Kulturen vergleicht, geht es nicht nur darum, auf beiden Seiten die guten und die schlechten Dinge herauszusuchen, denn da es überall Gutes und Schlechtes gibt, handelt es sich vor allem darum zu wissen, auf welcher Seite sich das geringere Übel befindet. Wenn uns jemand sagt, daß es außerhalb der Überlieferung dieses oder jenes Gute gibt, so erwidern wir darauf: Zweifellos, doch muß man das wichtigste Gute wählen, und dieses stellt notwendigerweise die Überlieferung dar. Und wenn man uns sagt, daß es innerhalb der Überlieferung dieses oder jenes Übel gibt, antworten wir: Zweifellos, doch muß man das geringste Übel wählen, und das ist wiederum in der Überlieferung zu finden. Es ist unlogisch, ein Übel, das ein paar Vorteile in sich birgt, einem Guten vorzuziehen, das ein paar Übel im Gefolge hat.

Gewiß, die überlieferungstreuen Welten nur zu bewundern, hieße, auf einem beschränkten Standpunkt stehenzubleiben, denn jede Kultur ist ein «zweischneidiges Schwert»; sie ist insgesamt nur gut dank der unsichtbaren Elemente, die sie in günstigem Sinne bestimmen. In gewisser Hinsicht ist jede menschliche Gemeinschaft schlecht; wenn man sie ihres transzendenten Charakters beraubt – und das ist dasselbe wie sie entmenschlichen, wenn jener Charakter gehört wesentlich zum Menschen, wenn er auch dessen freie Einwilligung voraussetzt –, so beraubt man sie zugleich ihres Daseinszweckes, und was bleibt, ist nur noch ein Haufen Ameisen, der keineswegs irgendeinem anderen Haufen Ameisen überlegen ist, denn die Lebensbedürfnisse und damit auch das Recht zu leben, bleiben überall dieselben, ob es sich nun um Menschen oder um Insekten handelt. Zu glauben, daß die menschliche Gemeinschaft einerseits und die Wohlfahrt dieser Gemeinschaft andrerseits einen unbedingten Wert und damit einen Selbstzweck darstellen, ist einer der verderblichsten Irrtümer.

Die überlieferungstreuen Kulturen sind als gesellschaftliche Tatsachen und abgesehen von ihrem inneren Wert –

doch es gibt da keine scharfen Abgrenzungen – trotz ihrer unvermeidlichen Mängel lauter Dämme, die gegen die steigende Flut der Weltlichkeit, des Irrtums, des Umsturzes, des immer wiederholten Sündenfalles errichtet sind. Das Ausmaß des Falles nimmt zwar ständig zu, am Ende aber wird er seinerseits überwunden werden durch das plötzliche Hereinbrechen des göttlichen Feuers, desselben Feuers, das in den Überlieferungen zu irdischen Kristallen geworden war. Die sakralen Rahmen wegen der menschlichen Mißbräuche zu verwerfen, hieße anzunehmen, daß die Religionsgründer nicht wußten, was sie taten, und auch, daß der Mißbrauch nicht in der menschlichen Natur liege, daß er folglich vermeidbar sei –, und das innerhalb von Gemeinschaften, die Millionen von Anhängern zählen, vermeidbar kraft rein menschlicher Maßnahmen –, was wohl der krasseste Widerspruch ist, den man sich vorstellen kann.

In gewissem Sinn war die Sünde Adams eine Sünde der Neugierde. Ursprünglich sah Adam die zufälligen Dinge im Hinblick auf ihre Bindung an Gott und nicht als solche. Was so betrachtet wird, ist jenseits des Bösen; die Zufälligkeit für sich zu sehen wünschen aber ist das Böse sehen wollen und das Gute als Gegensatz zum Bösen. Infolge dieser Sünde der Neugierde – Adam wollte die «Kehrseite der Zufälligkeit» sehen – verfiel die ganze Welt mit ihm der Zufälligkeit als solcher; die Verbindung mit der göttlichen Quelle wurde unterbrochen, sie wurde unsichtbar. Die Welt war mit einem Schlag außerhalb Adams, die Dinge waren undurchsichtig und schwer geworden, unverständliche und feindliche Bruchstücke. Und dieses Drama wiederholt sich immer aufs neue – in der Geschichte der Gemeinschaften ebenso wie im Leben der einzelnen.

Das sinnlose Wissen – das, auf welches wir kein Recht haben, weder seiner Natur noch unserer Fähigkeit nach, also auch nicht aufgrund unserer Berufung –, dieses Wissen bereichert nicht, es verarmt. Adam war arm geworden, nachdem er die Zufälligkeit als solche zur Kenntnis genommen hatte.[29] Wir müssen uns vor der Verlockung hüten, die Abgründe auf uns ausüben können. Es liegt im Wesen der kosmischen Sackgassen, zu verführen und ihre Opfer auszusaugen; der Fluß der Formen will nicht, daß wir ihm entgehen. Formen können Fallen sein, so wie sie auch Sinnbilder und Schlüssel sein können: Die Schönheit kann uns an die Formen binden, so wie sie auch eine Pforte zum Überförmlichen sein kann.

Oder auch, von einem etwas anderen Standpunkt aus betrachtet: Die Sünde Adams liegt letztendlich darin, daß er das Dasein, das Glückseligkeit war, mit etwas anderem überkleiden wollte; Adam verlor dadurch jene Glückseligkeit und geriet in den unruhigen und enttäuschenden Wirbel der überflüssigen Dinge.[30] Anstatt in der unwandelbaren Reinheit des Daseins zu ruhen, wird der gefallene Mensch im Wirbeltanz der daseienden Dinge mitgerissen, die alle endlich und also trügerisch und vergänglich sind. Innerhalb des christlichen Kosmos ist die Heilige Jungfrau die Verkörperung jener schneeigen Reinheit; sie ist unantastbar und barmherzig wie das Dasein oder der Urstoff. Da Gott Mensch wurde, hat er dieses Dasein, das wie sein Thron ist, mit sich gebracht, er ließ es Ihm vorausgehen und ist durch es zur Welt gekommen. Gott kann nicht in die Welt eintreten, es sei denn durch das jungfräuliche Dasein.

Die Betrachtungen über den Fall der Menschheit führen zur Betrachtung jener universalen Theophanie, welche die Welt ist. Der Fall ist nur ein Glied in der Kette dieser Manifestation, auch wird er nicht überall als ein «Versagen» dargestellt, sondern hat in gewissen Mythen den Charakter eines Ereignisses, für das weder Mensch noch Engel verantwortlich sind. Wenn es einen Kosmos, eine universale Manifestation gibt, so muß es auch einen Fall oder mehrere, aufeinanderfolgende Fälle geben, denn «Gott manifestieren» heißt, «außer Gott sein» und «sich von Gott entfernen».

Auf Erden ist die göttliche Sonne verschleiert, und daraus folgt, daß die Maße der Dinge verhältnismäßig sind, daß der Mensch sich für das ausgeben kann, was er nicht ist, und daß die Dinge als das erscheinen mögen, was sie nicht sind. Ist der Schleier aber einmal zerrissen, bei jener Geburt, die der Tod ist, dann erscheint die göttliche Sonne; die Maße sind dann absolut, die Wesen und die Dinge werden dann zu dem, was sie sind, und folgen dem Weg ihrer wahren Natur.

Das bedeutet nicht, daß die göttlichen Maße nicht unsere Welt erreichten, doch sind sie wie «gesiebt» durch die Schale des Daseins; aus absoluten werden verhältnismäßige Maße, und daher kommt der fließende und unbestimmte Charakter der irdischen Dinge. Das Sonnengestirn ist nichts anderes als das Sein, durch jene Schale hindurchgesehen; in unserem Mikrokosmos nimmt das Herz die Stelle der Sonne ein.[31]

Nur weil wir in jeder Hinsicht innerhalb einer solchen Schale leben, bedürfen wir – um zu wissen, wer wir sind und wohin wir gehen – jenes kosmischen Risses, der die Offenbarung ausmacht; und im Hinblick darauf könnte man sagen, das Absolute lasse es nicht zu, daß es gänzlich und dauernd verhältnismäßig bleibt.

Beim Fall und seinen Nachwirkungen im Laufe der Zeit sieht man, wie das Element «Absolutheit» schließlich vom Element «Zufälligkeit» aufgezehrt wird; es liegt in der Natur der Sonne, daß sie von der Nacht verschlungen werde, so wie es in der Natur des Lichts liegt, daß es «in der Finsternis leuchte» und «nicht verstanden werde». Zahlreiche Mythen drücken diese kosmische Zwangsläufigkeit aus, die dem, was wir das «Reich des Demiurgen» nennen können, zutiefst eingeschrieben ist.

Das Urbild des Falls ist nichts anderes als der Vorgang der universalen Manifestation selbst. Wer Ausstrahlung, «Entfremdung», Hervorgang sagt, der sagt eben dadurch auch Rückzug, Wiedervereinigung, Einkehr, Apokatastase. Der Irrtum der Materialisten – mit welchen Spitzfindigkeiten auch immer sie den gewohnten und schon «überholten» Begriff der Materie aufzulösen trachten – besteht darin, daß sie von der Materie wie von einer ursprünglichen und unerschütterlichen Gegebenheit ausgehen, wo sie doch nur eine Bewegung ist, eine Art von vorübergehender Verdichtung eines an sich unseren Sinnen unzugänglichen Urstoffes: Unsere erfahrungsmäßige Materie samt all dem, was sie in sich schließt, entspringt einer übersinnlichen und äußerst empfänglichen Protomaterie; in dieser hat sich das irdische Urwesen gespiegelt und «verkörpert», was innerhalb des Hindutums durch den Mythos vom Opfer *Purushas* ausgedrückt ist.

Unter der zerteilenden Wirkung dieses Urstoffes wurde das göttliche Bild gebrochen und vielfach abgewandelt. Doch waren die Geschöpfe noch immer keine Einzelwesen, die sich gegenseitig bekämpfen, sondern Zustände geistiger Anschauung, die von engelhaften Vorbildern und durch dieselben von göttlichen Namen abstammten, und im Hinblick darauf hat man sagen können, daß im Paradies die Schafe mit den Löwen zusammenlebten. Es handelt sich da nur um die «hermaphroditischen» – im übertragenen, nicht räumlichen Sinne als «Kugeln» beschriebenen – Urbilder göttlicher Möglichkeiten, die den Eigenschaften der «Güte» und der «Strenge», der «Schönheit» und der «Kraft», der «Weisheit» und der «Freude» entspringen. In diesem Urstoff fand die Erschaffung der Arten und die des Menschen statt, gleich der «plötzlichen Kristallwerdung einer übersättigten chemischen Lösung».[32] Nach der «Erschaffung Evas» – der Zweiteilung des ursprünglich mann-weiblichen Wesens – ereignete sich der «Fall», das heißt die «Veräußerlichung» des menschlichen Paares, die dann – da im feinen und lichten Urstoff alles miteinander verbunden war – die Veräußerlichung oder Verdichtung aller anderen irdischen Geschöpfe nach sich zog – im Sinne einer «Gerinnung» zu sinnlichem, schwerem, undurchsichtigem und sterblichem Stoff.

Wir erinnern uns nicht mehr, in welcher Schrift wir gelesen haben, daß der menschliche Körper, ja sogar der lebende

Körper schlechthin wie die Hälfte einer Kugel sei; all unsere Fähigkeiten und Bewegungen sind auf eine verlorene Mitte hin gerichtet, die wir als «vor uns» erleben und die wir in der geschlechtlichen Vereinigung symbolisch und mittelbar wiederfinden. Das Ergebnis aber ist nur eine schmerzliche Wiederholung desselben Dramas, ein neues Hinabsteigen des Geistes in die Materie. Das andere Geschlecht ist nur ein Sinnbild: Die wahre Mitte liegt in uns selbst verborgen, im Geist-Herzen. Das Geschöpf erkennt etwas von seiner verlorenen Mitte in seinem Gemahl wieder; die Liebe, die daraus erwächst, ist wie der ferne Schatten der Gottesliebe und der in Gott beschlossenen Glückseligkeit. Sie ist auch wie der Schatten der Erkenntnis, welche die Formen verbrennt, die eint und befreit.

Der ganze Vorgang der Kosmogonie ist in einer unbewegten Weise dem Menschen eingeschrieben: Wir sind aus Materie gemacht, das heißt aus sinnlicher Dichte und aus «Verhärtung», doch in der Mitte unseres Wesens befindet sich die übersinnliche und transzendente Wirklichkeit, die zugleich unendlich blitzhaft und unendlich friedvoll ist. Zu glauben, daß die Materie das «Alpha» sei, mit dem alles begonnen hat, läuft auf die Behauptung hinaus, daß unser Leib der Anfang unserer Seele sei, daß also der Ursprung unseres Ichs, unserer Intelligenz und unserer Gedanken in unseren Knochen, Muskeln, Organen liege. In Wirklichkeit, wenn Gott das «Omega» ist, so muß er notwendigerweise auch das «Alpha» sein, anderenfalls alles unsinnig wäre. Der Kosmos ist «eine Botschaft von Gott an Ihn selbst durch ihn selbst», wie die Sufis sagen würden, und Gott ist «der Erste und der Letzte» und nicht bloß der Letzte. Es gibt wohl eine Art von «Emanation», doch ist dieselbe streng diskontinuierlich aufgrund der Transzendenz der göttlichen Ursache und der wesentlichen Ungleichmäßigkeit der Wirklichkeitsstufen. Der Emanationismus setzt einen ununterbrochenen Übergang Gott → Welt voraus, der die Unabhängigkeit Gottes von der Welt in Frage stellen würde. Man hat behauptet, daß das sichtbare

Weltall ein Zerplatzen und folglich eine von einer geheimnisvollen Mitte ausgehende Zerstreuung sei. Sicher ist, daß das ganze Weltall, das für uns zum größten Teil unsichtbar ist – und das nicht nur tatsächlich, sondern grundsätzlich –, sinnbildlich gesprochen eine solche Bewegung ausführt, um schließlich am toten Punkt seiner Ausdehnung haltzumachen. Dieser Punkt ist zunächst durch die Verhältnismäßigkeit – oder Endlichkeit – im allgemeinen und sodann durch die Ausdehnungsmöglichkeit des Kreislaufs, um den es sich handelt, bestimmt. Das lebende Wesen selbst gleicht einem zum Kristall geronnenen Zerplatzen, wenn man so sagen kann; es ist, als ob seine zerstiebende Bewegung aus Schreck vor Gott geronnen wäre.

Nachdem er sich selbst den Zugang zum Himmel verschlossen und zu wiederholten Malen und in immer engeren Schranken seinen anfänglichen Fall wiederholt hatte, verlor der Mensch schließlich die Anschauung von all dem, was ihn übersteigt, und zugleich ist er unter seine eigene Natur herabgesunken, denn man kann nicht ganz Mensch sein außer durch Gott; die Erde ist nur durch ihre Verbindung mit dem Himmel schön. Selbst wenn der Mensch noch gläubig ist, vergißt er mehr und mehr, was die Religion im Grunde von ihm will: Er wundert sich über die Nöte dieser Welt, ohne zu bedenken, daß sie Gnaden sein könnten, weil sie gleich dem Tod den Schleier der irdischen Täuschung zerreißen und es so möglich machen, daß der Mensch «sterbe, bevor er stirbt», indem er den Tod überwindet.

Viele Leute stellen sich vor, das Fegefeuer oder die Hölle sei nur für jene da, die getötet, gestohlen, gelogen, Unzucht getrieben oder Ähnliches begangen haben, und daß es genüge, sich solcher Taten zu enthalten, um den Himmel zu verdienen. In Wirklichkeit kommt die Seele ins Feuer, weil sie Gott nicht geliebt hat oder weil sie Ihn nicht genug geliebt hat. Man wird das verstehen, wenn man sich an das vornehmste Gebot der Bibel erinnert: Gott zu lieben mit all

unserem Vermögen und unserem ganzen Wesen. Das Nichtvorhandensein dieser Liebe[33] ist nicht notwendigerweise
Mord oder Lüge oder irgendein anderes Verbrechen, doch
ist es notwendigerweise Gleichgültigkeit;[34] und diese ist der
am meisten verbreitete Makel, sie ist das Brandzeichen des
Falls. Es ist wohl möglich, daß die Gleichgültigen[35] keine
Verbrecher sind, doch ist es unmöglich, daß sie Heilige sei-
en; sie sind es, die durch die «breite Tür» eingehen und auf
dem «bequemen Weg» wandeln, und von ihnen sagt die
Apokalypse: «Zudem, weil du lau bist und weder kalt noch
warm, werde ich dich aus meinem Munde ausspeien.»[36]

Die Gleichgültigkeit gegenüber der Wahrheit und gegenüber Gott ist dem Hochmut verwandt und kann nicht ohne
Scheinheiligkeit bestehen; ihre scheinbare Milde ist voller
Selbstzufriedenheit und Anmaßung. In diesem Gemütszu-
stand ist der Mensch nachsichtig mit sich selber, wenn er
sich auch kleinerer Fehler zeihen mag und sich bescheiden
zeigt, was ihn zu weiter nichts verpflichtet, sondern höchstens noch seinen Wahn verstärkt, tugendhaft zu sein. Die
Gleichgültigkeit ist das verräterische Merkmal, das erlaubt,
den «durchschnittlichen Menschen» gleichsam auf frischer
Tat zu ertappen, indem man sein heimliches und hinterlistig-
stes Laster sozusagen an der Kehle packt und jedermann
seine Armseligkeit und seine Not dartut; diese Gleichgültigkeit ist letztendlich die «Ursünde» oder gibt sie am allgemeinsten kund.

Die Gleichgültigkeit ist der äußerste Gegensatz zur geistigen Gelassenheit oder zur Verachtung der Eitelkeiten – und
auch zur Demut. Die wahre Demut besteht darin zu wissen,
daß wir Gott nichts hinzuzufügen vermögen und daß selbst
dann, wenn wir alle möglichen Vollkommenheiten besäßen
und die außergewöhnlichsten Taten vollbracht hätten, unser
Verschwinden dem Ewigen nichts wegnähme.

Sogar die meisten Gläubigen sind zu gleichgültig, um unmittelbar zu fühlen, daß Gott nicht nur «über uns», «im
Himmel», sondern auch «vor uns», am Ende der Welt oder

einfach am Ende unseres Lebens ist; daß wir durch eine unwiderstehliche Kraft durch dieses Leben hindurchgezogen werden und daß am Ziel der Reise Gott uns erwartet; daß die Welt eines Tages durch einen unvorstellbaren Einbruch des reinen Wunderbaren überflutet und verschlungen wird, unvorstellbar deshalb, weil es alle menschlichen Erfahrungen und Maße übersteigen wird. Das menschliche Erfahrungsdenken kann darum nicht Zeuge solchen Geschehens sein, ebensowenig wie eine Eintagsfliege den Wandel der Jahreszeiten zu beurteilen vermag. Für ein Geschöpf, das um Mitternacht zur Welt gekommen wäre und dessen Leben nur einen Tag lang dauerte, könnte der Sonnenaufgang in keiner Weise zur Kette der gewohnten Erlebnisse gehören; das Erscheinen der Sonnenscheibe, das nichts während der langen Nacht vorausahnen ließ, erschiene wie ein unerhörtes und apokalyptisches Wunder. Gott aber wird ebenso kommen. Es wird nichts mehr geben außer diesem einzigen Kommen, dieser einzigen Gegenwart, und die Welt der Erfahrungen wird darob zerbersten.

Bei dem durch den Sündenfall gezeichneten Menschen siegt das Tun nicht nur über die Beschaulichkeit; es verdrängt diese sogar ganz. Normalerweise dürfte sich die Frage, ob das eine oder das andere vorherrschen soll, gar nicht stellen, denn das Schauen ist seinem Wesen nach weder mit dem Tun verbunden noch ihm entgegengesetzt; doch der gefallene Mensch ist eben nicht der «normale» Mensch im strengsten Sinn des Wortes. Wir könnten auch sagen, daß in einer gewissen Hinsicht Schauen und Tun in Einklang miteinander sind und daß in einer anderen Hinsicht ein Gegensatz zwischen beiden besteht, der jedoch äußerlicher und beiläufiger Art ist. Ein Einklang ist in dem Sinn vorhanden, daß grundsätzlich nichts dem geistigen Schauen entgegengesetzt sein kann – die *Bhagavadgîtâ* geht von dieser Wahrheit aus –, einen Gegensatz gibt es nur insofern, als die Ebenen verschieden sind: Ebenso, wie es unmöglich ist, gleichzeitig einen ganz nahen Gegenstand und die fern hinter ihm liegende Landschaft zu betrachten, so ist es unmöglich, gleichzeitig zu schauen und zu handeln.[37]

Der gefallene Mensch ist der vom Tun mitgerissene und im Tun eingeschlossene Mensch, und deshalb ist er auch der sündige Mensch. Die moralische Alternative rührt dabei weniger vom Tun als solchem her als von der Ausschließlichkeit des Tuns, das heißt von der Ichbezogenheit und ihrer trügerischen Exterritorialität Gott gegenüber. Das Tun wird gleichsam selbständig und alleinherrschend, während es sich einem göttlichen Zusammenhang einfügen sollte, in einem Zustand der Unschuld, welche die Tat nicht von der Schau schiede.

Der gefallene Mensch ist zugleich erdrückt und zerrissen durch zwei einander widersprechende Schein-Unbedingtheiten: das lastende «Ich» und die zerstreuende «Sache», das «Subjekt» und das «Objekt», das *Ego* und die Welt. Schon gleich beim Aufwachen am Morgen erinnert sich der Mensch, wer er ist, und alsbald beginnt er, an diese oder jene Sache zu denken. Zwischen dem Ich und dem Gegenstand aber besteht ein Band, das gemeinhin aus einem Tun gewoben ist, und daraus ergibt sich eine Dreiheit, die sich in folgenden Satz fassen läßt: «Ich tue das» oder auch, was auf dasselbe herauskommt: «Ich will das.» Das Ich, die Tat und die Sache sind praktisch drei Götzen, drei Scheidewände, die das Absolute verdecken. Der Weise ist der, welcher das Absolute anstelle dieser drei Begriffe setzt: Gott in ihm ist die transzendentale und wirkliche Selbstheit, der Urgrund also des «Ichs»;[38] die Tat ist die Bejahung Gottes im weitesten Sinne, und der Gegenstand ist ebenfalls Gott.[39] Das ist es, was so unmittelbar als möglich durch das wesentliche Gebet verwirklicht wird – oder durch die wesentliche Sammlung –, die grundsätzlich und tatsächlich das ganze Leben und die ganze Welt in sich schließen. In einem äußerlichen und allgemeinen Sinn muß jeder Mensch die drei Elemente «Ichheit», «Tat» und «Gegenstand» in Gott sehen, in dem Maße, als ihn Begabung und Gnade dazu befähigen.

Der gefallene Mensch ist ein bruchstückhaftes Wesen, und darin liegt für ihn die Gefahr des Entgleisens; denn bruchstückhaft sein heißt, strenggenommen, ohne Gleichgewicht sein. Der indischen Ausdrucksweise zufolge war der ursprüngliche Mensch, *hamsa*, noch ohne Kaste; der Brahmane aber entspricht nicht ganz dem *hamsa*, er ist nur dessen oberstes Bruchstück, sonst besäße er ja die Befähigung des königlichen Kriegers, des *kshattriya*, was nicht der Fall ist. Jeder *Avatâra* aber ist notwendigerweise *hamsa*, ebenso wie jeder «lebende Befreite», jeder *jivanmukta*.

Hier sei es uns gestattet, eine Bemerkung einzuflechten. Wir haben oft von dem «natürlicherweise übernatürlichen» Wesen des Intellekts gesprochen; es ist aber wichtig, eines nicht zu übersehen, nämlich daß die Transzendenz des Geistes nur dann ungehindert wirken kann, wenn sie mit zwei weiteren Elementen, einem menschlichen und einem göttlichen, Hand in Hand geht: Sie bedarf der Tugend und der Gnade. Als «Tugend» verstehen wir hier nicht jene natürlichen Eigenschaften, die eine hohe Stufe von Geistigkeit und Beschaulichkeit ohne weiteres begleiten, sondern die bewußte und dauernde Anstrengung in Richtung Vollkommenheit, die wesentlich aus Selbstverleugnung, Großmut und Wahrheitsliebe besteht; als «Gnade» aber verstehen wir die göttliche Hilfe, die der Mensch erflehen muß und ohne die er nichts erreichen kann, wie groß seine Begabung auch sein mag; denn eine Begabung ist nichts wert, wenn sie nicht von Gott gesegnet wird.[40] Der Intellekt ist an sich unfehlbar, aber sein menschliches Gefäß ist gleichwohl den Zufälligkeiten unterworfen, die zwar die wesentliche Natur der Intelligenz nicht verändern, aber doch ihre volle Entfaltung und ihre reine Ausstrahlung verhindern können.

Nachdem das gesagt ist, kehren wir zur Frage des Tuns zurück. Der Vorgang des Falls und sein Ergebnis wiederholen sich in verkleinertem Maßstab in jeder äußeren oder inneren Tat, die dem Gleichgewicht des Alls oder einer Spiegelung dieses Gleichgewichts – einem heiligen Gesetz – widerspricht. Der Mensch, der eine Sünde beging, hat erstens sich verführen lassen und ist zweitens nicht mehr derselbe wie zuvor; er ist von der Sünde gezeichnet – notwendigerweise, da jede Tat ihre Früchte hervorbringen wird; jede Sünde ist ein Fall und daher «der Fall».

Da wir von Sünde sprechen, möchten wir eine «verhältnismäßige» oder beiläufige und eine «unbedingte»[41] oder wesentliche sowie eine in der Absicht liegende Sünde unterscheiden: «Verhältnismäßig» ist eine Sünde, die nur gegen eine bestimmte Sittlichkeitsnorm verstößt wie die Vielehe für die Christen oder der Wein für die Muslime –, die aber eben deshalb für jene, welche diese Sittlichkeitsnorm angeht, auf eine «unbedingte Sünde» hinausläuft, wie das die von den betreffenden Offenbarungen verkündeten Strafen im Jenseits beweisen. Allein, gewisse «verhältnismäßige Sünden» können selbst im Rahmen des Gesetzes, welches sie verurteilt, unter gewissen Umständen zu erlaubten Taten werden, wie zum Beispiel der Totschlag im Kriege. «Unbedingt» oder wesentlich ist die Sünde, die allen Sittlichkeitsnormen widerspricht und unter keinen Umständen entschuldbar ist, wie die Gotteslästerung oder das Verachten der Wahrheit. Was die in der Absicht liegende Sünde angeht, so steht sie äußerlich in Einklang mit einer bestimmten Sittlichkeitsnorm oder auch mit allen Sittlichkeitssystemen, innerlich aber im Gegensatz zur göttlichen Natur, wie etwa die Scheinheiligkeit. Wir nennen «Sünde» eine Tat, die erstens in der einen oder der anderen Weise der göttlichen Natur widerspricht – wir denken dabei an die göttlichen Eigenschaften und an die wesentlichen Tugenden, die sie spiegeln – und zweitens grundsätzlich Leiden im Jenseits nach sich zieht. Wir sagen «grundsätzlich», denn in der Tat löschen Buße sowie gute Taten auf der einen und die göttliche Barmherzigkeit auf der anderen Seite die Sünden aus oder können sie auslöschen. Wir nennen eine heilige Gesetzgebung insofern «sittlich», als sie bestimmte Taten vorschreibt und andere verbietet, wie auch immer die mehr oder weniger tiefe und feine Umschreibung dieser Taten je nach den einzelnen Lehren sein mag. Dieser Vorbehalt bedeutet, daß Indien und der Ferne Osten feiner abgestufte Auffassungen von «Gesetz» und «Übertretung» haben als das semitische und europäische Abendland, da man im Osten die ausgleichende Kraft der Erkenntnis – dieses «Wasser, das wie kein anderes reinigt», wie die Inder sagen – weitgehend in Betracht zieht und der Absicht eine viel größere Rolle zugeschrieben wird, als die meisten Abendländer sich vorstellen können, so daß es vorkommen mag, daß ein Guru vorläufig und um irgendeine innere Wandlung zu bewirken,[42] Taten befiehlt, die, ohne jemandem zu schaden, tatsächlich dem Gesetz widersprechen.[43] Immerhin gibt es keine heilige Gesetzgebung ohne eine bestimmte Sittlichkeit, und der Mensch ist nun einmal so geartet, daß er zu Recht oder zu Unrecht zwischen einem «Gut» und einem «Böse» unterscheidet, das heißt, daß seine Sicht notgedrungen bruchstückhaft und sezierend ist. Übrigens, wenn wir sagen, daß bestimmte Taten der «göttlichen Natur» entgegengesetzt sind, so gilt das mit dem Vorbehalt, daß metaphysisch betrachtet nichts dieser Natur entgegengesetzt sein kann, was der Islam dadurch ausdrückt, daß er lehrt, nichts könne außerhalb des göttlichen Willens stattfinden, selbst die Sünde nicht.[44] Eine solche Auffassung nähert sich den nichtsemitischen Sehweisen, die stets die Verhältnismäßigkeit aller Erscheinungen und die Veränderlichkeit der Bestimmungen je nach Standort unterstreichen.

Aus dieser wesentlichen und gleichsam formfreien Auffassung der Sünde erklärt sich die Tatsache, daß in einer Überlieferung wie der *Schintô*, die «archaisch» und damit weitgehend «unumrissen» geblieben ist, eine ausführliche Lehre von der Sünde fehlt. Die Regeln der Reinheit sind hier die Anhaltspunkte einer ursprünglichen und zusammenfassenden Tugend, die den Taten übergeordnet ist und ihnen eine geistige Qualität verleihen soll. Während die semitischen Moralsysteme von der Tat ausgehen – außerhalb der

Esoterik ist das jedenfalls so – und die Tugend von der Tat her zu fassen und sogar zu bestimmen scheinen, gehen das schintoistische und verwandte Moralsysteme[45] von der inneren Tugend als solcher aus und sehen in den Taten keine bedingungslosen Festlegungen. Nur in der Folge und durch die veräußerlichende Wirkung der Zeit hat sich das Bedürfnis nach eine genauer zerlegenden Sittlichkeit kundgeben können.

Die Sünde, sagten wir, wiederholt den Fall des Menschen. Doch nicht sie allein wiederholt ihn im Bereich der menschlichen Haltungen und Tätigkeiten; es gibt auch noch viel feinere und zugleich weniger schwerwiegende Faktoren, die in einem wohlgeregelten Leben eine Rolle spielen und mit dem zusammenhängen, was die Araber die *Barakah* nennen; diese Faktoren sind vielleicht um so wichtiger, je höher das geistige Ziel ist. Es handelt sich auf den verschiedensten Ebenen um die Wahl von Dingen oder Situationen, um die Einfühlung in die geistige Qualität der Formen, Gebärden und sittlich indifferenten Taten; es ist dies jener Bereich, der mit der Symbolhaftigkeit, der Schönheit, dem Sinn für die richtigen Stoffe, Verhältnisse, Bewegungen, kurz mit all dem zu tun hat, was in einer heiligen Kunst, einer Liturgie, einer Zeremonie Sinn und Bedeutung hat. In gewisser Hinsicht scheint das alles nebensächlich zu sein, doch ist es keineswegs überflüssig, wenn man an das «Handhaben geistiger Einflüsse» denkt – wenn man sich so ausdrücken darf – und sich darüber Rechenschaft abgibt, daß gewisse Formen die himmlischen Einflüsse anziehen, während andere sie verdrängen.

In eben diesem Zusammenhang sei gesagt, daß es außer Pflichten auch eine Art von Höflichkeit gegenüber dem Himmel gibt. Die Dinge haben ihre kosmischen Beziehungen und ihre Düfte, und es ist nötig, daß jegliches Ding eine Art Erinnerung an das Paradies bewahre; man muß den Formen und Rhythmen der ursprünglichen Unschuld und nicht jenen des Falls gemäß leben. Der *Barakah* entsprechend zu handeln, bedeutet, in Einklang mit einer Art «göttlichem Schönheitsgesetz» handeln: Es ist das eine äußere Anwendung der «Unterscheidung der Geister» oder der «Wissenschaft der Gemütsverfassungen» (*'ilm al-khawâtîr* auf arabisch), wie auch einer Geometrie und einer Musik, die zugleich sakral und universal sind. Alles hat einen Sinn, und alles deutet auf etwas hin. Das zu empfinden und sich ihm anzupassen schützt vor manchen Irrtümern, welche das bloße Denken nicht vorauszusehen vermag. Ohne diese Wissenschaft von der *Barakah* wäre die heilige Kunst, die in den überlieferungstreuen Kulturen das ganze menschliche Dasein umhüllt und durchdringt und die dort all das ausmacht, was man heute unter «Kultur» versteht – ohne diese Wissenschaft der «Segenskräfte» –, wären die heilige Kunst und alle Formen der Gesittung unverständlich und besäßen weder Sinn noch Wert.

Eines ist wichtig für den Menschen, der grundsätzlich von den Folgen des Sündenfalls befreit ist: daß er in der heiligen Kindlichkeit verharre. In einem gewissen Sinn waren Adam und Eva vor dem Fall «Kinder» und sind erst durch ihn und nach ihm zu «Erwachsenen» geworden. Das «Erwachsensein» spiegelt in der Tat das Reich des Falls; das Greisenalter dagegen, in dem die Leidenschaften erloschen sind, nähert sich wieder der Kindheit und dem Paradies, wenigstens unter geistig normalen Umständen. Man muß die Unschuld und das Vertrauen der ganz Kleinen mit der Abgelöstheit und der Ergebung der Greise verbinden; die beiden Lebensalter begegnen sich in der Beschaulichkeit und in der Nähe zu Gott: Die Kindheit ist «noch» Gott nahe, und das Greisenalter ist es «schon». Das Kind mag sein Glück in einer Blume finden, und ebenso der Greis; die äußersten Gegensätze berühren sich, und der sich aufwindende Kreis schließt sich in der göttlichen Barmherzigkeit.

DIALOG ZWISCHEN HELLENISTEN
UND CHRISTEN

Wie die meisten Wortgefechte zwischen verschiedenen Religionen war auch jenes, bei dem Hellenismus und Christentum einander gegenüberstanden, weitgehend künstlich. Die Tatsache, daß jeder der beiden Gegner auf einer bestimmten Ebene – oder im Hinblick auf eine besondere «geistige Dimension» – recht hatte, mußte dazu führen, daß jeder auf seine Weise als Sieger aus dem Streit hervorging: Das Christentum siegte, indem es sich in der ganzen westlichen Welt durchsetzte und der Hellenismus dadurch, daß er im Schoße des Christentums weiterlebte und dem christlichen Denken sein unauslöschliches Siegel aufdrückte.

Die gegenseitigen Mißverständnisse waren deshalb nicht weniger tief, und warum das so war, ist nicht schwer zu erkennen, wenn man die Verschiedenheit der beiderseitigen Sehweisen in Betracht zieht. Vom Standpunkt der Hellenisten ist der göttliche Urgrund aller Dinge zugleich Einheit und Vielheit; die Götter verkörpern die göttlichen Eigenschaften und Wirkungsweisen und zugleich auch die engelhaften Ausprägungen dieser Eigenschaften und Wirkungsweisen. Die Idee der Immanenz überwiegt im Verhältnis zur Idee der Transzendenz, wenigstens in der Exoterik.

Das Weltall besitzt eine gleichsam architektonische Ordnung, die sich vom höchsten Ursprung an durch Vermittler – oder durch ganze Hierarchien von Vermittlern – bis zu den irdischen Wesen herab entfaltet; alle kosmischen Ursprünge und ihre Ausstrahlungen sind göttlich oder halbgöttlich, was bedeutet, daß sie im Hinblick auf ihre wesentliche Göttlichkeit und ihre Rolle als göttliche Werkzeuge betrachtet werden. Wenn Gott uns Leben, Wärme und Licht spendet, tut Er das als Helios bzw. insofern er Helios ist. Die Sonne ist wie die Hand Gottes und also göttlich, und da sie es grundsätzlich ist, warum sollte sie es nicht auch in ihrer sinnlichen Manifestation sein? Diese Weise, die Dinge zu betrachten, basiert auf dem wesentlichen Zusammenhang, der Ursache und Wirkung verbindet, und nicht auf der Getrenntheit und Zufälligkeit der Dinge im Vergleich zum Sein. Da die Welt die notwendige und streng geordnete Manifestation der Gottheit ist, muß sie wie diese ewig sein; sie ist in Gottes Augen die Weise, in der Gott sich «außerhalb Seiner Selbst» entfaltet.

Diese Ewigkeit der Welt beinhaltet jedoch nicht, daß sie keine Auslöschung erfahren könne; allein, wenn ihr Ende auch unvermeidlich ist, wie alle Mythologien lehren, so nur, damit sie in einem ewigen Rhythmus neu erstehe: Sie kann nicht nicht-seiend sein. Die Absolutheit selbst des Absoluten macht das Verhältnismäßige notwendig. *Mâyâ* ist ursprungslos, sagen die Vedantiker. Es gibt keine willkürliche Schöpfung noch eine Schöpfung *ex nihilo*; es gibt nur eine notwendige Schöpfung *ex divino*, und diese Schöpfung ist frei im Rahmen ihrer Notwendigkeit und notwendig im Rahmen ihrer Freiheit. Die Welt ist göttlich dank ihres Charakters als göttliche Manifestation oder dank des metaphysischen Wunders ihres Daseins.

Es besteht hier kein Anlaß, aus Gründen der Symmetrie auch die christliche Sicht zu beschreiben, die einfach dem semitischen Monotheismus entspricht und jedermann vertraut ist. Andrerseits erscheint es unerläßlich, zunächst klarzumachen, daß die hellenistische Auffassung von der «Göttlichkeit der Welt» nichts zu tun hat mit dem Irrtum des Pantheismus, denn die kosmische Manifestation Gottes tut der unbedingten Transzendenz, die dem Urgrund als solchem eignet, keinerlei Abbruch, noch widerspricht sie dem, was in der semitischen und christlichen Auffassung der *crea-*

tio ex nihilo metaphysisch gültig ist. Zu glauben, daß die Welt ein «Teil» Gottes sei und daß Gott, in seiner Selbstheit oder seinem eigentlichen Wesen sich in die Formen der Welt «verteile», wäre eine wahrhaft «heidnische» Auffassung – wie sie zweifellos hie und da vorkam, sogar unter den Menschen früherer Zeiten –, und um davon ganz frei zu sein, muß man eine Kenntnis besitzen, die grundsätzlich dem entspricht, was auf gedanklicher Ebene eine Verbindung zwischen der hellenistischen Kosmosophie und der jüdisch-christlichen Theologie darstellen würde, indem das gegenseitige Verhältnis dieser beiden Sehweisen die Rolle eines Prüfsteins im Hinblick auf die vollständige Wahrheit spielt. Metaphysisch betrachtet ist die semitische und monotheistische Schöpfungslehre, sobald man sie als eine unbedingte und ausschließliche Wahrheit hinstellt, fast ebenso falsch wie der Pantheismus. Wir sagen metaphysisch betrachtet, weil dabei die Erkenntnis des Ganzen und nicht die Dringlichkeit des Heils allein in Frage steht, und sagen «fast», weil eine halbe Wahrheit, die die Transzendenz Gottes auf Kosten des metaphysischen Sinns der Welt zu bewahren trachtet, weniger falsch ist als eine halbe Wahrheit, die die göttliche Natur der Welt auf Kosten der Verständlichkeit Gottes wahrnimmt.

Wenn die christlichen Polemiker nicht verstanden haben, daß die Sicht der griechischen Weisen nichts anderes als die esoterische Ergänzung zur biblischen Vorstellung der Schöpfung darstellt, so haben die griechischen Polemiker ihrerseits nicht die Vereinbarkeit der beiden Sehweisen verstanden. Es ist wahr, daß ein Mißverständnis oft ein anderes hervorruft, denn es ist schwer, die tiefere Absicht einer fremden Auffassung zu ergründen, wenn diese Absicht nur inbegriffen bleibt und wenn sie außerdem so vorgetragen wird, als solle sie Wahrheiten ersetzen, die vielleicht unvollständig, jedenfalls aber für jene, die sie der Überlieferung gemäß annehmen, einleuchtend sind. Eine unvollständige Wahrheit kann für den einen oder den anderen Standpunkt ungenügend erscheinen, sie ist nichtsdestoweniger eine Wahrheit.

Um die Bedeutung dieses Zwiegesprächs, das in mancher Hinsicht bloß die Gegenüberstellung zweier Selbstgepräche war, richtig zu verstehen, muß man folgendes berücksichtigen: Für die Christen gab es keine Erkenntnis ohne Liebe. Das bedeutet, daß in den Augen der Christen die Gnosis nur unter der Bedingung gültig war, daß sie von einem Erlebnis der «Einung» getragen wurde; an sich und losgelöst von einer innerlich erlebten Wirklichkeit hatte für sie eine geistige Erkenntnis des Weltalls keinen Sinn. Früher oder später mußten aber auch die Christen die Berechtigung einer Erkenntnis einsehen, die rein theoretisch, das heißt gedanklich und vorbereitend ist, und sie bauten dieselbe auf, indem sie von den Griechen gewisse Elemente ihrer Wissenschaft entlehnten, nicht ohne dabei manchmal – mit ebensoviel Undankbarkeit wie Unlogik – den Hellenismus als solchen schlechtzumachen.

Wenn es erlaubt ist, die Dinge auf eine einfache und eher summarische Formel zu bringen, kann man sagen, daß für die Griechen Wahrheit ist, was dem Wesen der Dinge entspricht, für die Christen aber, was zu Gott führt. Diese christliche Haltung mußte in dem Maße, als sie zur Ausschließlichkeit neigte, den Griechen als «Wahnsinn» vorkommen. In den Augen der Christen dagegen machten die Griechen das Denken zum Selbstzweck, ohne Zusammenhang mit irgendeinem persönlichen Verhältnis zu Gott; es war also eine «Weisheit nach dem Fleische»; da es von selbst nicht den gefallenen und ohnmächtigen Willen umzuwandeln vermochte, sondern im Gegenteil durch sein Selbstgenügen die Menschen von der Sehnsucht nach Gott und nach dem Heil ablenkte. Vom griechischen Standpunkt aus sind die Dinge, was sie sind, abgesehen davon, was wir daraus machen mögen; vom christlichen Standpunkt – schematisch und *a priori* gesprochen – hat allein unser Verhältnis zu Gott einen Sinn. Den Christen könnte man vorwerfen, daß ihre Anschauungsweise zu sehr um das Wollen und um das eigene Heil kreiste und den Griechen, daß sie einerseits zu denklustig waren und andrerseits einer allzu verstandesmäßigen und zu menschlichen Vollkommenheit anhingen; in gewisser Hinsicht war es der Gegensatz zwischen einem Liebeslied und einem mathematischen Lehrsatz. Man könnte auch sagen, daß die Hellenisten im Grundsätzlichen weitgehend recht hatten, die Christen aber in der Tat, wenigstens in jenem besonderen Sinne, den man ohne Mühe wahrnehmen kann.

Die christlichen Gnostiker nahmen wohl an, daß es eine lehrhafte Vorwegnahme der göttlichen Mysterien geben müsse, doch nur unter der Bedingung – das kann nicht deutlich genug betont werden –, daß diese Vorwegnahme in einem gleichsam organischen Zusammenhang mit dem geistigen Erlebnis von Gnosis in der Liebe stand; Gott erkennen, heißt ihn lieben, oder, genauer gesagt, da der evangelische Ausgangspunkt die Liebe ist: Gott vollkommen lieben, heißt ihn erkennen. Erkennen setzt zwar voraus, daß man die übernatürlichen Wahrheiten zunächst einmal gedanklich erfaßt, doch nur indem wir unser ganzes Wesen an diesem Verstehen teilhaben lassen. Das aber bedeutet, daß man die göttliche Quintessenz aller Gnosis liebt, diese Quintessenz, die «Liebe» ist, weil sie zugleich Einung und Glückseligkeit ist. Die Schule von Alexandrien war ebenso wie die von Antiochien echt christlich – in dem Sinn, daß sie in der Annahme Christi das *sine qua non* des Heils sah; ihre Grundlagen waren durchaus paulinisch. In den Augen des Apostels Paulus ist eine gedankliche und begrifflich faßbare Gnosis «Stückwerk» *(ex parte)*, das «aufhören» wird, wenn «das Vollkommene kommen wird»,[46] nämlich die ganze Gnosis, die eben dadurch, daß sie «ganz» ist, aus «Liebe» *(caritas, ἀγάπη)*, dem göttlichen Urbild der menschlichen Gnosis, besteht. Beim Menschen gibt es einen Unterschied – oder eine gegenseitige Ergänzung – von Liebe und Erkenntnis, in Gott aber ist diese Zweiheit aufgehoben und vereint. Aus christlicher Sicht wird diese höchste Stufe «Liebe» genannt, in anderen Weltanschauungen aber – und namentlich in der vedantischen – kann man sie ebensogut «Erkenntnis» nennen und die Ansicht vertreten, daß nicht Erkenntnis ihre höchste Erfüllung in Liebe finde, sondern im Gegenteil, daß Liebe *(bhakti)*, als eine ichhafte Strebung, ihre Läuterung in reiner Erkenntnis *(jnana)*, die allheitlich ist, erfahre.

Der christliche Vorwurf ist ohne Zweifel berechtigt, insofern er sich gegen die «humanistische» Seite des «klassischen» Hellenismus richtet und die mystische Unwirksamkeit der Philosophie als solcher im Auge hat. Auf der anderen Seite aber ist es keineswegs logisch, den Griechen eine Vergöttlichung des Kosmos vorzuwerfen, mit der Begründung, es gäbe kein «Eingehen Gottes in die Welt», während man zugleich annimmt, daß Christus, und er allein, gerade ein solches Eingehen vollzieht. In der Tat kann Christus es eben deshalb vollziehen, weil es möglich und von vornherein durch den Kosmos selber verwirklicht ist; das «avatarische» Wunder Christi wiederholt oder vermenschlicht das kosmische Wunder der Schöpfung oder der göttlichen «Emanation».

Vom Standpunkt der Platoniker – im weitesten Sinne des Wortes – aus, ist die Rückkehr zu Gott schon in der Tatsache des Daseins beschlossen: Unser eigenes Sein bietet uns den Weg der Rückkehr an, denn dieses Sein ist göttlich seinem Wesen nach, ansonsten es gar nichts wäre; deshalb müssen wir auch zurückkehren, indem wir die verschiedenen Schichten unserer ontologischen Wirklichkeit durchdringen, bis hin zur reinen *substantia*, die eine ist. Auf diese Weise werden wir vollkommen «wir selbst». Der Mensch verwirklicht, was er erkennt: Ein völliges Verstehen – im Licht des Absoluten – dessen, was verhältnismäßige Wirklichkeit ist, löst diese auf und führt sie auf das Absolute zurück. Hier wiederum liegt kein unüberbrückbarer Gegensatz zwischen

Griechen und Christen vor: Wenn die Vermittlung Christi nötig werden kann, so nicht deshalb, weil die Erlösung etwas anderes wäre als eine Rückkehr durch die Schichten unseres Daseins hindurch zu unserem wahren Selbst, sondern weil es das Amt Christi ist, eine solche Rückkehr zu ermöglichen.

Auf zwei Ebenen wird sie möglich gemacht: Auf der Ebene des menschlichen Daseins und der Exoterik und auf der Ebene des Geistes und der Esoterik; die zweite Ebene ist in der ersten verborgen, die allein im vollen Tageslicht erscheint, und das deswegen, weil für die große Mehrzahl der Sterblichen die christliche Sicht nur das menschliche Dasein und den Unterschied Gott-Mensch, nicht aber die geistige Erkenntnis und die Einung Mensch-Gott betrifft. Das aber gibt Anlaß zu einem anderen Mißverständnis zwischen Christen und Platonikern: Während die Platoniker die Befreiung durch Erkenntnis lehren, weil der Mensch ein Erkenntnisvermögen ist, postulieren die Christen in ihrer allgemeingültigen Lehre eine Erlösung durch Gnade, weil der Mensch ein Dasein – als solches von Gott getrennt – und weil er ein gefallener ohnmächtiger Wille ist. Wiederum kann man den Griechen vorwerfen, daß sie nur über einen einzigen Weg verfügen, der praktisch den meisten unzugänglich ist, und daß sie den Eindruck erwecken, es sei die Philosophie, die erlöst, so wie man den Christen vorwerfen kann, daß sie die Befreiung durch Erkenntnis nicht sehen und allein unserer daseinshaften und willenshaften Wirklichkeit und den Mitteln, die dieser Anschauung unseres Wesens entsprechen, einen absoluten Charakter zuschreiben oder daß sie unsere daseinshafte Verhältnismäßigkeit, nicht aber unsere «geistige Absolutheit» in Betracht ziehen. Der Vorwurf, den man den Griechen machen kann, trifft jedoch nicht ihre Weisen, ebensowenig wie der gegen die Christen gerichtete ihre Gnosis oder allgemein ihre Heiligkeit treffen kann.

Die Möglichkeit unserer Rückkehr zu Gott – die verschiedene Stufen hat – ist universal und zeitlos, sie ist dem eigentlichen Wesen unseres Daseins und unserer Intelligenz eingeschrieben; unsere Ohnmacht kann nur zufällig, nicht wesenhaft sein. Grundsätzlich unerläßlich ist eine Vermittlung durch den Logos, aber nicht in jedem Fall die Vermittlung durch eine besondere Manifestation des Logos, es sei denn, daß wir ihr durch unsere Lage und weil sie uns gewählt hat, angehören. Sobald ihre Wahl auf uns fällt, tritt sie für uns an die Stelle des Absoluten, in allem, was uns angeht, und «ist» dann das Absolute. Man könnte auch sagen, daß der unausweichliche Charakter, den Christus für die Christen – oder für alle von der Vorsehung für das Christentum bestimmten Menschen – annimmt, den unausweichlichen Charakter wiedergibt, der dem Logos an sich eigen ist – auf jedem geistigen Weg, mag er nun dem Westen oder dem Osten angehören.

Man muß dem fortschrittsgläubigen Vorurteil widersprechen, nach welchem das Denken der Griechen eine gewisse Stufe oder ein gewisses Ergebnis «erreicht» habe, als stellte das Dreigestirn Sokrates-Plato-Aristoteles den Höhepunkt eines «natürlichen» Denkens dar, einen nach langen Zeiten der Anstrengung und des Tastens erreichten Gipfel. Das Umgekehrte ist wahr, denn alles, was die erwähnten drei Großen schufen, waren eher unvollkommene Ausprägungen einer ursprünglichen und an sich zeitlosen Weisheit, die arischen Ursprungs ist und dem Typus nach den esoterischen Lehren der Kelten, Germanen, Altperser und Brahmanen nahestand. Es gibt in der aristotelischen Ratio und selbst in der sokratischen Dialektik eine Art von «Humanismus», der mehr oder weniger dem künstlerischen Naturalismus und der wissenschaftlichen Neugier und also dem Empirismus verwandt ist. Doch darf uns diese schon allzu äußerliche Dialektik – vergessen wir jedoch nicht, daß die sokratischen Dialoge geistige «Pädagogik» sind und etwas Provisorisches an sich haben –, dieser Stil darf uns nicht dazu verleiten,

Einsichten, die ihrem Wesen nach «übernatürlich» oder «natürlicherweise übernatürlich» sind, einen bloß «natürlichen» Charakter zuzuschreiben. Im großen und ganzen hat Plato heilige Wahrheiten in einer Sprache ausgedrückt, die bereits unheilig geworden war – unheilig deshalb, weil mehr verstandesmäßig und rhetorisch als seherisch und symbolisch oder auch weil zu sehr den Zufälligkeiten und Launen dieses Spiegels, welcher der Verstand ist, folgend –, während Aristoteles die Wahrheit selbst und nicht nur ihren Ausdruck auf eine unheilige und «humanistische» Ebene versetzte.

Die Errungenschaft von Aristoteles und seiner Schule besteht zweifellos darin, der Wahrheit ein Höchstmaß an verstandesmäßiger Begründung verliehen zu haben, doch das konnte nicht geschehen, ohne die Wahrheit einzuschränken, und es hat auch keinen Zweck, außer da, wo die geistige Intuition im Schwinden ist. Es ist jedenfalls ein «zweischneidiges Schwert», weil danach die Wahrheit von Syllogismen abzuhängen scheint. Die Frage, ob es sich dabei um einen Verrat an der überlieferten Weisheit oder um eine vorsorgliche Anpassung handelt, ist hier nicht von Belang und kann wohl im einen wie im anderen Sinne beantwortet werden;[47] sicher ist, daß die Lehre des Aristoteles, was ihren wesentlichen Inhalt angeht, noch immer viel zu wahr ist, um von den Vertretern des «dynamischen» und relativistischen oder «existentialistischen» Denkens unserer Zeit verstanden und geschätzt zu werden. Diese letztere halb plebejische, halb teuflische Denkweise steht von ihrem Ausgangspunkt an im Widerspruch mit sich selber, denn zu behaupten, daß alles verhältnismäßig oder «dynamisch» und daher in «fortwährender Bewegung begriffen» sei, heißt ja, daß es keinerlei festen Standpunkt gebe, von welchem aus sich jene Tatsache feststellen ließe; Aristoteles hat diesen Wahnsinn übrigens vorausgesehen.

Die Modernen haben den vorsokratischen Philosophen – und ebenso auch allen Weisen des Ostens – vorgeworfen, sie hätten versucht, ein Gesamtbild des Alls aufzubauen, ohne sich selbst die Frage zu stellen, ob unsere Erkenntnisfähigkeit zu einem solchen Unternehmen überhaupt taugt. Dieser Vorwurf ist völlig eitel, denn schon allein die Tatsache, daß wir eine solche Frage stellen können, beweist, daß unsere Intelligenz grundsätzlich jener Aufgabe gewachsen ist. Nicht die «Dogmatiker» sind einfältig, sondern die Skeptiker, die nicht den allergeringsten Begriff davon haben, was der von ihnen bekämpfte «Dogmatismus» eigentlich in sich schließt. Heutzutage gehen gewisse Leute so weit, zu behaupten, das Ziel der Philosophie könne nur die Suche nach einem «Typus von Verstandesmäßigkeit» sein, der dem Verständnis der «menschlichen Wirklichkeit» angemessen sei; der Irrtum ist derselbe, doch noch gröber und niedriger und auch noch unverschämter.

Wie ist es möglich, nicht zu sehen, daß der bloße Gedanke, einen zur Lösung solcher Probleme fähigen Verstand zu erfinden, zweierlei beweist: erstens, daß es diesen Verstand bereits gibt – denn er allein konnte diesen Gedanken hegen –, zweitens, daß das angestrebte Ziel einen bodenlosen Unsinn darstellt? Doch es ist nicht unsere Absicht, diesen Gegenstand hier weiter zu verfolgen. Wir wollen bloß auf die Parallele zwischen der vorsokratischen, genauer gesagt ionischen Weisheit und gewissen morgenländischen Lehren wie dem *Vaisheshika* und *Sankhya* aufmerksam machen und dabei folgende zwei Punkte hervorheben: Erstens haben all diese alten Anschauungen des Alls zur stillschweigenden Voraussetzung nicht irgendeine Vermutung noch sonst eine gedankliche Operation, sondern die Gewißheit, daß das Wesen aller Dinge dem Intellekt[48] «eingeboren» ist; zweitens ist eben diese Gewißheit die Grundlage von dem, was die Skeptiker und die Empiriker verächtlich als «Dogmatismus» zu bezeichnen pflegen – sie beweisen dadurch nur, daß sie weder die Natur der geistigen Erkenntnis noch die der Dogmen im wahren Sinne des Wortes begreifen. Das Bewundernswerte bei den Platonikern ist gewiß nicht ihr «Denken», sondern der Gehalt ihres Denkens, mag man es nun als «dogmatisch» oder sonstwie bezeichnen.

Mit den Sophisten beginnt das Zeitalter ichbedingter Denkerei und unbegrenzter Anmaßung; sie öffnen so die Tür für alle willkürlichen Totalitarismen. Es ist wahr, daß die unheilige Philosophie auch mit Aristoteles anfängt, in einem etwas anderen Sinne jedoch, da die Verstandesmäßigkeit des Stagiriten aufwärts strebt und nicht abwärts wie die des Protagoras und seinesgleichen. Mit anderen Worten: Wenn eine zersetzende Ichbezogenheit des Denkens mit den Sophisten beginnt – die ihnen verwandten Geister wie Demokrit und Epikur nicht zu vergessen –, so eröffnet Aristoteles seinerseits das Zeitalter einer Verstandesmäßigkeit, die noch in metaphysischer Gewißheit verankert, aber nichtsdestoweniger zerbrechlich und in ihrem Verfahren selbst zweideutig ist, wie wir schon wiederholt aufzeigen konnten.

Wie dem auch sei, wenn man die christliche Antwort verstehen will, so muß man alle diese Aspekte des griechischen Geistes in Betracht ziehen, zugleich mit dem biblischen, mystischen und auf innere Verwirklichung eingestellten Charakter des Christentums. Das griechische Denken erschien in der Hauptsache als ein prometheischer Versuch, sich das Licht des Himmels anzueignen, die Stufen auf dem Weg zur Wahrheit rasch zu überspringen; zugleich aber war dieses Denken selbst aufgrund seiner unmittelbar einleuchtenden Inhalte zum großen Teil unwiderstehlich. Bei all dem darf man nicht außer acht lassen, daß im Orient Weisheitslehren nie in Gestalt einer allgemein zugänglichen «Literatur» dargeboten wurden, sondern daß ihre Aneignung die Befolgung einer entsprechenden geistigen Methode erfordert und daß genau das unter den Griechen der klassischen Epoche nicht mehr zu finden war.

Es ist wieder und wieder gesagt worden, daß die Hellenisten und die Morgenländer – die «Platoniker» im weitesten Sinne des Wortes – schuldig seien, Christus «hochmütig» abzulehnen, oder daß sie versuchten, sich der «Verantwortung» – immer wieder dasselbe! –, die sie als Geschöpfe dem Schöpfer gegenüber hätten, zu entziehen, indem sie sich in ihre eigene Mitte zurückzögen, wo sie das Wesen der Dinge und die göttliche Wirklichkeit in ihrem reinen Sein zu finden behaupteten. Auf diese Weise schienen sie die Eigenschaft des Geschöpfes und zugleich die des Schöpfers in einer Art pantheistischem Impersonalismus aufzulösen, womit sie die verpflichtende Beziehung zwischen Schöpfer und Geschöpf zerstörten. In Wirklichkeit ist «Verantwortung» immer relativ, so wie wir relativ sind in unserem besonderen Dasein; sie kann ja nicht weniger relativ – oder «mehr absolut» – sein als das Ich, auf welches sie sich bezieht. Wem es mit der Gnade des Himmels gelingt, von der Zwangsherrschaft des Ichs frei zu werden, ist eben dadurch auch der Verantwortung ledig, die das Ich in sich schließt. Gott zeigt sich selbst als schöpferische Person insofern, als wir «Geschöpf» und Einzelwesen sind, doch begrenzt diese besondere gegenseitige Beziehung bei weitem nicht unsere seinsmäßige und geistige Natur; das heißt, unsere Natur kann nicht erschöpfend durch die Begriffe «Pflicht» oder «Recht» oder durch irgendwelche anderen Verknüpfungen dieser Art gekennzeichnet werden.

Es ist gesagt worden, daß die «Ablehnung» des Christusgeschenks von seiten des «platonischen» Geistes die feinste und luziferischste Verderbtheit der Intelligenz darstelle. Dieser Vorwurf, der aus einem übel beratenen, jedoch auf seiner Ebene verständlichen Selbsterhaltungstrieb geboren wurde, kann leicht und mit besserem Recht gegen seine Erfinder gekehrt werden, denn wenn wir um jeden Preis irgendwo eine gedankliche Verderbtheit finden sollen, so werden wir sie bei jenen finden, die das Absolute durch einen persönlichen und relativen Gott und die metaphysischen Ursachen durch zeitliche Erscheinungen ersetzen wollen. Und nicht etwa im Zusammenhang mit einem kindlichen Glauben, der von niemandem etwas verlangt, sondern im Rahmen der anspruchsvollsten Gelehrsamkeit und der umfassendsten geistigen Anmaßung. Wenn es so etwas gibt wie Mißbrauch der Intelligenz, so findet man ihn da, wo das

Relative an die Stelle des Absoluten oder der *accidens* an die Stelle der *substantia* gesetzt wird, unter dem Vorwand, daß das «Konkrete» dem «Abstrakten» vorzuziehen sei.[49] Jedenfalls liegt der Mißbrauch nicht darin, daß man im Namen von transzendenten und unwandelbaren Grundsätzen ein Relatives, das als ein Unbedingtes dargestellt wird, verwirft.

Das zwischen Christen und Hellenisten waltende Mißverständnis kann zum größten Teil auf ein falsches Entweder-Oder zurückgeführt werden: In der Tat schließt die Tatsache, daß Gott in unserem tiefsten Sein – oder in der letzten überpersönlichen Tiefe unseres Bewußtseins – gegenwärtig ist und daß wir Ihn grundsätzlich mit Hilfe des reinen und gottähnlichen Intellekts verwirklichen können, in keiner Weise die gleichzeitige Theophanie dieser innewohnenden und unpersönlichen Gottheit als außer uns seiend und als personhaft aus, noch widerspricht es der Tatsache, daß wir nichts tun können ohne Seine Gnade, trotz des im wesentlichen «göttlichen» Charakters des Intellekts, an dem wir in natürlich-übernatürlicher Weise teilhaben.

Es ist durchaus wahr, daß der einzelne Mensch eine konkrete und bestimmte Person und vor einem Schöpfer, einem persönlichen und allwissenden Gesetzgeber verantwortlich ist. Doch ist es mindestens ebenso wahr, daß der Mensch nur eine sozusagen äußerliche und verdichtete Daseinsweise der sowohl unpersönlichen als auch persönlichen Gottheit darstellt und daß die menschliche Intelligenz solcher Art ist, daß sie grundsätzlich dieser Tatsache bewußt sein und also ihre wahre Selbstheit verwirklichen kann. In einem gewissen Sinne ist offenbar das gefallene und sündhafte Einzelwesen «wir selbst»; in einem anderen Sinne aber ist es das transzendente und unwandelbare Selbst. Die Ebenen sind verschieden, und es besteht zwischen ihnen kein gemeinsames Maß.

Wenn der glaubenstreue Dogmatiker dieser oder jener geschichtlichen Tatsache eine absolute Tragweite beimißt – der «relativ absolute» Charakter desselben Faktums steht hier nicht zur Debatte –, so beruft sich der Platoniker oder der

Morgenländer auf grundsätzliche und zeitlose Gewißheiten. Mit anderen Worten, wenn der Dogmatiker behauptet: «Dies ist», fragt der Gnostiker sogleich: «Auf Grund welcher Möglichkeiten?» Für den Gnostiker «ist jegliches Ding schon gewesen», er nimmt das «Neue» nur insofern an, als es das «Alte» oder besser gesagt das Zeitlose, die unerschaffene «Idee»wiedergibt oder offenbart. Die Rolle der himmlischen Botschaften ist tatsächlich und menschlich gesehen absolut, doch sind sie deswegen nicht das Absolute, und als Formen übersteigen sie nicht den Bereich des Relativen. Dasselbe gilt auch für den zugleich «erschaffenen» und «unerschaffenen» Intellekt: Das «unerschaffene» Element durchdringt ihn, wie das Licht die Luft oder den Äther durchdringt; dieser ist nicht das Licht, doch trägt er es, und praktisch kann man die beiden nicht voneinander scheiden.

Es gibt zwei Quellen von Gewißheit. Die eine ist dadurch gegeben, daß das Absolute der reinen Intelligenz innewohnt, und die andere liegt im übernatürlichen Phänomen und in der Gnade. Es ist nur allzu offensichtlich – man kann es nicht oft genug wiederholen –, daß diese beiden Quellen zusammenwirken können und deshalb auch in einem gewissen Maße vereint werden müssen, doch sind in der Tat die Exoteriker darauf erpicht, einen Gegensatz zwischen ihnen herzustellen, und sie tun das, indem sie einerseits der Intelligenz ihr übernatürliches Wesen absprechen und das Innewohnen des Absoluten verneinen, und andererseits jenen, die nicht so denken wie sie, die Gnade absprechen. Der unüberbrückbare Gegensatz von Erkenntnis und Gnade ist durchaus künstlicher Natur, denn die Erkenntnis ist ihrerseits eine Gnade, wenn auch eine in sich ruhende, angeborene Gnade. Wir sehen nicht ein, warum diese Art von Gnade nicht auch eine Möglichkeit, eine Manifestation sein sollte, da sie doch ihrer Natur nach sein muß. Wenn man dagegen einwendet, daß es sich in diesem Fall nicht um «Gnade», sondern um etwas anderes handle, so erwidern wir, daß dann die Gnade überflüssig ist, denn es kann nur eines von beiden geben:

Entweder ist die Gnade unerläßlich, und dann ist die Erkenntnis eine Gnade, oder aber die Erkenntnis ist keine Gnade, und dann ist die Gnade nicht unerläßlich.

Wenn die Theologen in Einklang mit der Heiligen Schrift annehmen, daß man keine wesentliche Wahrheit über Christus aussagen kann, «es sei denn durch den Heiligen Geist», so müssen sie gleichfalls annehmen, daß man keine wesentliche Wahrheit über Gott aussagen kann ohne das Einwirken des Heiligen Geistes. Die Wahrheiten der griechischen Weisheit können deshalb ebenso wie die metaphysischen Wahrheiten aller Völker nicht eines «übernatürlichen» und grundsätzlich heilbringenden Charakters entbehren.

Von einem gewissen Standpunkt aus betrachtet liegt der Beweis zugunsten des Christentums in der Geschichtlichkeit des Christus-Heilandes, während der Beweis zugunsten der platonischen oder «arischen» Anschauung im Wesen der Dinge oder im Unwandelbaren liegt. Wenn, bildlich gesprochen, alle Menschen infolge des Falls von Adam Gefahr laufen zu ertrinken, so rettet sich der Christ dadurch, daß er die Stange ergreift, die ihm Christus hinhält und kein anderer ihm hinhalten könnte, während der Platoniker sich durch Schwimmen rettet, ohne daß eine der beiden Weisen die Wirksamkeit der anderen zu beeinträchtigen oder auszuschließen vermöchte. Einerseits gibt es sicher Menschen, die, aus welchem Grund auch immer, nicht schwimmen können, andererseits liegt das Schwimmen zweifellos im Bereich der menschlichen Möglichkeiten; es handelt sich darum zu wissen, was tatsächlich, je nach der persönlichen oder gemeinschaftlichen Lage, das Gegebene ist.[50]

Wir sahen, daß der Hellenismus, wie alle unmittelbar oder mittelbar auf Weisheit beruhenden Lehren, eher die Gleichung Mensch = Erkenntniskraft als die Gleichung Mensch = Wille zur Voraussetzung hat, und das ist einer der Gründe, weshalb diese Lehre in den Augen der Mehrzahl der Christen als unwirksam erscheinen mußte. Wir sagen «in den Augen der Mehrzahl», weil die christlichen Gnostiker den Pythagoräern und Platonikern diesen Vorwurf nicht machen konnten – schließlich konnten sie nicht gut das Vorrecht des erkennenden Intellekts leugnen, und darum mußte auch für sie die Idee der göttlichen Erlösung etwas ganz anderes und ungleich viel mehr umfassen als bloß eine mystische Auffassung der Geschichte und eine Dogmatik der Heilsmittel.

Es muß nochmals gesagt werden – auch wenn das andere schon vor uns und besser als wir getan haben –, daß die heiligen Tatsachen deshalb wahr sind, weil sie auf ihrer Ebene das Wesen der Dinge wiedergeben und nicht umgekehrt: Das Wesen der Dinge ist nicht deshalb wirklich oder vorbildlich, weil es an bestimmte heilige Tatsachen erinnert. Die Urgründe, die der reinen Intelligenz ohne Zweifel erreichbar sind, sonst wäre der Mensch nicht der Mensch – es ist aber fast eine Gotteslästerung, zu leugnen, daß der menschliche Geist im Vergleich zum tierischen eine übernatürliche Seite hat –, diese universalen Urgründe (nicht die Geschichte, was auch immer ihr Inhalt sei) bestätigen die heiligen Tatsachen, welche ihrerseits die Urgründe widerspiegeln und aus ihnen ihre Wirksamkeit schöpfen. Dieses Verhältnis drücken die Buddhisten in dem Sinne aus, daß die geistige Wahrheit jenseits der beiden Pole Objekt und Subjekt liege, daß sie ihre Überzeugungskraft aus den Tiefen des Seins selber beziehe oder daraus, daß die Wahrheit allem innewohnt, was ist.

Für die auf Weisheit beruhenden Lehren ist die göttliche Erlösung stets gegenwärtig; sie ist uranfänglich und das himmlische Vorbild aller irdischen Alchemie, so daß es stets dank dieser ewigen Erlösungstat geschieht – was auch immer ihr Träger auf Erden sei –, wenn der Mensch von der Last seiner Verirrungen oder gar, *Deo volente*, von der Last seines begrenzten Daseins befreit wird. Wenn «Meine Worte nicht vergehen», so deshalb, weil sie immer gewesen sind. Der Christus der Gnostiker ist der, welcher ist, «ehe Abraham war», und aus dem alle uralten Weisheiten stammen; das Bewußtsein davon verringert keineswegs die Teilnahme

an den Schätzen der geschichtlichen Heilstat, es gibt vielmehr derselben eine Tragweite, die bis zu den Wurzeln des
Daseins reicht.

DER SCHAMANISMUS DER INDIANER

Als «Schamanismus» bezeichnen wir die Überlieferungen «vorgeschichtlichen» Ursprungs bei den mongoliden Völkern, einschließlich der Indianer.[51] In Asien begegnen wir dem Schamanismus im engeren Sinne des Wortes nicht nur in Sibirien, sondern auch in Tibet, in Gestalt des *Bön-Po*, sowie in der Mongolei, in der Mandschurei und in Korea. Die vorbuddhistische chinesische Überlieferung mit ihren beiden Zweigen Konfuzianismus und Taoismus gehört zu derselben Familie von Überlieferungen, ebenso wie die uralte Überlieferung Japans, wo das Schamanentum sich in der besonderen Form des *Schintô* erhalten hat. All diese Lehren sind gekennzeichnet durch die Auffassung von Himmel und Erde als zwei sich gegenseitig ergänzende Pole und durch die Verehrung der Natur, die im Hinblick auf ihre wesentliche Ursächlichkeit und nicht bloß im Hinblick auf ihre äußere Zufälligkeit betrachtet wird. Sie sind außerdem gekennzeichnet durch eine gewisse Kargheit der Aussagen über das Leben nach dem Tod – ein Zug, der auch am Konfuzianismus auffällt – und vor allem durch das im Mittelpunkt stehende Amt des Schamanen, das in China die *Taotse*[52] und in Tibet die wahrsagenden und Geister austreibenden Lamas[53] innehaben. Wenn wir hier China und Japan erwähnen, so geschieht das nicht, um ihre bodenständigen Überlieferungen einfach in das sibirische Schamanentum einzubeziehen, sondern um diese in Zusammenhang mit der Überlieferung der mongolischen Rasse zu bringen, mit jener Überlieferung, die im Schamanismus ihre unmittelbarste und – das muß gesagt werden – zugleich auch ungleichmäßigste und zweideutigste Fortsetzung hat.

Letztere Bemerkung läuft auf die Frage hinaus, was die sibirischen und amerikanischen Formen des Schamanismus geistig wert sind. Allgemein hat man den Eindruck, daß es sich da um höchst verschiedene Ebenen handelt; eines aber ist gewiß: daß sich bei den Indianern – und von ihnen soll hier die Rede sein – etwas Urzeitliches und Reines erhalten hat, Trübungen zum Trotz, die es bei diesem oder jenem Stamm und vielleicht erst seit verhältnismäßig kurzer Zeit verhüllen mögen.

Die Zeugnisse über die geistige Gesinnung der Indianer sind zahlreich. Ein Weißer, der seit seiner frühen Kindheit von Indianern aufgezogen wurde und der – zu Beginn des 19. Jahrhunderts – bis zu seinem zwanzigsten Lebensjahr bei Stämmen gelebt hat, die noch nie von einem Missionar besucht worden waren (Kickapoo, Kansas, Omaha, Osagen), schreibt:

«Es ist gewiß, daß die Indianer – wenigstens jene, die ich gekannt habe, von einem höchsten Wesen wußten, das allmächtig und erkennend ist, dem Lebensgeber, der alle Dinge erschaffen hat und sie alle beherrscht. Sie glauben allgemein, daß dieses Wesen, nachdem es die Jagdgründe gestaltet und mit Wild bevölkert, den ersten roten Mann und die erste rote Frau erschaffen habe, die beide von sehr großem Wuchs gewesen seien und bis in ein sehr hohes Alter gelebt hätten. Er habe oft mit ihnen Rat gehalten und mit ihnen geraucht, ihnen Gesetze gegeben, die sie zu befolgen hatten, und sie gelehrt, wie sie jagen und wie sie Mais pflanzen sollten. Doch infolge ihres Ungehorsams habe er sich von ihnen zurückgezogen und sie den Quälereien des bösen Geistes überlassen, der seitdem all ihre Entartungen und Leiden bewirkt habe. Sie halten ihn für zu erhaben, um selbst der unmittelbare Urheber des Bösen zu sein, und glauben, daß er, ungeachtet der Missetaten, deren sich seine roten Kinder schuldig machten, weiterhin all den Segen, dessen sie sich erfreuen, auf sie herabsende. Angesichts seiner väterlichen Fürsorge für sie sind sie wahrhaft treu und aufrichtig in ihrem Gottesdienst, beten zu ihm um die Dinge, deren sie bedürfen, und danken ihm für das Gute, das sie empfangen ... Bei all den Stämmen, die ich besucht habe, herrscht der Glaube an ein zukünftiges Dasein und an jenseitige Belohnungen und Strafen ... Dieser Glaube an ihre Verantwortung vor dem Großen Geist macht die Indianer im allgemeinen zu gewissenhaften und eifrigen Bewahrern ihrer überlieferten Mythen und Bräuche, und es ist eine bemerkenswerte Tatsache, daß unter ihnen weder Kälte und Gleichgültigkeit noch Scheinheiligkeit gegenüber heiligen Dingen bekannt ist.»[54]

Ein anderes Zeugnis, diesmal aus christlicher Quelle, lautet folgendermaßen:

«Der Glaube an ein höchstes Wesen ist in der Kultur der Chippewas fest verwurzelt. Dieses Wesen, das *Kiche Manito* oder Großer Geist genannt wird, war weit entfernt von ihnen. Selten wurden Gebete unmittelbar an es allein gerichtet, und Opfer wurden ihm nur am Fest der *Midewiwin*-Eingeweihten dargebracht. Meine Gewährsmänner sprachen von ihm nur im Ton der Ergebenheit und äußersten Verehrung. ‹Er hat alle Dinge auf die Erde gestellt und trägt für alles Sorge›, fügte ein alter Mann, der machtvollste Medizinmann des *Short Ear Lake*-Gebietes hinzu. Eine alte Frau desselben Gebietes bemerkte, daß die alten Indianer, wenn sie beteten, sich vor allem an *Kiche Manito* wendeten und erst dann an all die andern großen Geister, die *Kitchi Manito*, die in den Winden, dem Schnee, dem Donner, dem Sturm, den Bäumen und in allen Dingen lebten. Ein alter Schamane der Vermilion war überzeugt davon, daß ‹alle Indianer in seinem Land Gott gekannt hätten, schon lange Zeit bevor die Weißen hierher kamen; sie hätten Ihn aber nicht um besondere Dinge gebeten, wie sie es tun, seitdem sie Christen geworden sind. Sie erwarteten Gunst von ihren eigenen besonderen Beschützern.› Weniger mächtig als *Kiche Manito* waren die in der Natur wohnenden Gottheiten und die Schutzgeister. Der Glaube der Chippewas an ein Leben nach dem Tode tritt in ihren Bräuchen für Begräbnis und Totenklage offen zutage. Sie haben aber die überlieferte Anschauung, daß die Seelen nach dem Tod gen Westen gingen, dorthin, ‹wo die Sonne untergeht›, oder ‹zu den Steppen, wo die Lagergründe des Segens und der ewigen Glückseligkeit sind›.»[55]

Da unser Standpunkt – zurückhaltend ausgedrückt – nicht derjenige des Evolutionismus ist, müssen wir die Vorstellung eines rohen und pluralistischen Ursprungs der Religionen ablehnen, auch haben wir keinen Grund, am «monotheistischen» Wesenszug der indianischen Überlieferung[56] zu zweifeln, und das um so weniger, als die bloße Vielgötterei nie etwas anderes als eine Entartung und daher eine verhältnismäßig späte Erscheinung darstellt und auf alle Fälle viel weniger verbreitet ist, als man gewöhnlich annimmt. Der ursprüngliche Monotheismus hat nichts ausgesprochen Semitisches und läßt sich eher als «Pan-Monotheismus» kennzeichnen, sonst könnte der Polytheismus nicht daraus abgeleitet sein. Dieser Einheitsglaube ist bei den verschiedensten Völkern, einschließlich der afrikanischen Pygmäen, lebendig geblieben oder hat seine Spuren hinterlassen. In Südamerika kennen zum Beispiel die Feuerländer nur einen einzigen, jenseits der Gestirne wohnenden Gott: Er hat keinen Leib und schläft nicht, Sterne sind seine Augen; er ist immer gewesen und wird nie sterben; er hat die Welt erschaffen und den Menschen Regeln zum Handeln gegeben.

Unter den Indianern Nordamerikas, sowohl den Steppen- als auch den Waldindianern, wird die göttliche Einheit zweifellos weniger ausschließlich aufgefaßt; in gewissen Fällen scheint sie sogar verhüllt zu sein; dennoch findet man bei diesen Völkern nichts, was dem anthropomorphen Polytheismus des europäischen Altertums wirklich zu vergleichen wäre. Es ist wahr, daß es verschiedene «Große Mächte»[57] gibt, doch sind diese Mächte entweder einer höchsten Macht untergeordnet, die viel mehr *Brahma* als Jupiter gleicht, oder werden als eine Gesamtheit bzw. als ein übernatürlicher Urstoff betrachtet, deren Teile wir selber sind, wie uns ein Sioux erklärt hat. Um den letztgenannten Punkt, der wörtlich genommen Pantheismus darstellen würde, richtig zu verstehen, muß man wissen, daß die den Großen Geist betreffenden Anschauungen sich entweder auf die «diskontinuierliche» Wirklichkeit der Wesenheit oder auf die «kontinuierliche» Wirklichkeit des Urstoffs beziehen; die erste setzt die Transzendenz Gottes[58] voraus, die zweite aber seine einende Immanenz. Immerhin spielt im Bewußtsein der Indianer die Wirklichkeit des Urstoffs eine größere Rolle als die der Wesenheit.

Manchmal ist die Rede von einer Wundermacht, die alle Dinge einschließlich des Menschen belebt und die *Manito* (Algonkin) oder *Orenda* (Irokesen) genannt wird. Diese Kraft verdichtet sich, manchmal in personhafter Weise, in Dingen und Wesen, auch jenen, die der unsichtbaren und feinstofflichen Welt angehören; sie nehme auch im Hinblick auf ein bestimmtes menschliches Wesen und als «Totem» oder «Schutzengel» (das *Orayon* der Irokesen) Form an.[59] All das ist wahr unter dem Vorbehalt, daß der Ausdruck «magisch», der manchmal in diesem Zusammenhang gebraucht wird, eine viel zu eng begrenzte Bedeutung hat und sogar falsch ist insofern, als er einer Ursache die Züge einer bruchstückhaften Wirkung zuschreibt. Wie dem auch sei, wichtig ist hier festzuhalten, daß der Gottesglaube der Indianer zwar keinen Polytheismus der «heidnischen», einst im Mittelmeergebiet verbreiteten Art darstellt, aber auch dem abrahamischen Monotheismus nicht völlig gleicht; er besitzt eher den Charakter einer gleichsam «flüssigen» – weil nicht auf einer heiligen Schrift beruhenden – Gotteskenntnis, verwandt den vedischen und fernöstlichen Anschauungen. Es ist ebenfalls wichtig festzustellen, daß die indianische Anschauungsweise die Aspekte «Leben» und «Kraft» betont, was für eine kriegerische und mehr oder weniger nomadische Sinnesart sehr bezeichnend ist.

Gewisse Stämme, besonders die Algonkin und die Irokesen, unterscheiden zwischen dem Demiurgen und dem
höchsten Geist; der erste spielt oft eine Rolle, die ans Pos-
senhafte oder ans Luziferische grenzt. Diese Auffassung der
schöpferischen Kraft und des urzeitlichen Spenders der
Künste ist keineswegs nur den Indianern eigen, was – um
nur ein einziges Beispiel zu nennen – aus den Mythen der
Alten Welt hervorgeht, wo die Untaten der Titanen neben
jenen der Götter stehen. Biblisch ausgedrückt gibt es kein
irdisches Paradies ohne Schlange und ohne Schlange keinen
Sündenfall und deshalb kein menschliches Drama, noch irgendeine Versöhnung mit dem Himmel. Da die Schöpfung
trotz allem etwas von Gott Getrenntes ist, muß ihr notgedrungen ein Gott fliehender Hang innewohnen, so daß sie
zwei entgegengesetzte Aspekte zeigt, einen göttlichen und
einen demiurgischen oder luziferischen. Die Indianer vermi-
schen diese beiden Aspekte, und damit stehen sie nicht allein
da: Man braucht sich nur an den Gott *Susano-o* des japanischen Mythos zu erinnern, den Unruhe stiftenden Genius
des Meeres und des Sturms. Kurz, der Demiurg (der *Nana-
bozho*, *Mishabozho* und *Napi* der Algonkin und *Tharonhia-
wagon* der Irokesen) ist nichts anderes als *Mâyâ*, der Ur-
Proteus, der sowohl die Schöpferkraft als auch die Welt selber umfaßt und der zugleich *natura naturans* und *natura
naturata* ist. *Mâyâ* ist jenseits von Gut und Böse, repräsentiert sowohl die Fülle als auch den Mangel, das Göttliche
und das Allzumenschliche und sogar das Titanische und das
Teuflische – daher jene Vieldeutigkeit, die ein gefühlsbeton-
tes Sittlichkeitsdenken zu verstehen Mühe hat.

Was die Kosmogonie betrifft, so faßt der Indianer nicht
eigentlich eine *creatio ex nihilo*, sondern eher eine Art von
Verwandlung ins Auge: In einer himmlischen Welt, die sich
über dem sichtbaren Himmel befindet, lebten zu Anbeginn
halbgöttliche Wesen, die urbildlichen und maßgebenden
Personen, die der irdische Mensch in allen Dingen nachzu-
ahmen hat. Jene himmlische Welt kannte nur Frieden; doch

es kam eine Zeit, da einige jener Wesen den Samen des Haders säten, und dann geschah die große Veränderung: Sie wurden auf die Erde hinab verbannt und zu Stammeltern aller irdischen Geschöpfe. Andere jedoch vermochten im Himmel zu bleiben, und sie sind die Genien aller wesentlichen Tätigkeiten wie Jagd, Krieg, Liebe, Ackerbau. So gesehen ist das, was wir «Schöpfung» nennen, für die Indianer nur ein Zustandswandel oder ein Herabsteigen. Diese Sicht aber setzt einen Standpunkt voraus, welcher der Lehre von den «Emanationen» im guten und richtigen Sinn des Wortes entspricht, und dieser Standpunkt stimmt vollkommen damit überein, daß bei den Indianern die Idee des Urstoffs, das heißt der nicht-diskontinuierlichen Wirklichkeit vorherrscht. Diese gleicht sinnbildlich einer Spirale oder einem Stern und nicht einander eingeschriebenen, aber von der gemeinsamen Mitte geschiedenen Kreisen, obwohl man die diesem letztgenannten Bild entsprechende Auffassung nie außer acht lassen darf: Die beiden Auffassungen ergänzen einander, doch liegt die Betonung manchmal auf der einen und manchmal auf der anderen.

Was ist, sachlich ausgedrückt, die genaue Bedeutung der indianischen Anschauung, daß jegliches Ding «belebt» sei? Grundsätzlich und metaphysisch heißt das: Welchen Gegenstand man auch immer betrachtet, stets entspringt seiner Daseinsmitte ein aus «Sein», «Bewußtsein» und «Leben» gemachter Strahl, der den betreffenden Gegenstand durch seine feinstoffliche oder seelenhafte Wurzel hindurch mit seinem lichten und himmlischen Urbild verbindet. Daraus ergibt sich, daß es für uns grundsätzlich möglich ist, die himmlische Wesenheit zu erreichen, indem wir irgendein beliebiges Ding zum Ausgangspunkt nehmen. Die Dinge sind Gerinnungen des universalen Urstoffs, der Urstoff aber – und das ist entscheidend – ist durch diese Gerinnungen nicht im geringsten verändert. Der Urstoff ist nicht die Dinge, die Dinge aber sind er, und das dank ihrem Dasein und dank ihren Eigenschaften. Das ist der tiefere Sinn des «polysynthetischen Animismus» der Indianer, und dieses innige Bewußtsein von der Einheitlichkeit der Erscheinungswelt erklärt ihre geistige Naturverehrung sowie ihre Weigerung, sich von der Natur zu trennen und sich einer aus künstlichen Dingen und Pflichten gemachten Kultur auszuliefern, die schon die Keime der Verhärtung und auch der Zersetzung in sich trägt. Nach Anschauung der Indianer wie auch jener der fernöstlichen Völker ist das Menschliche innerhalb und nicht außerhalb der Natur zu suchen.

Die hervorragendsten Manifestationen des Großen Geistes sind die vier Himmelsrichtungen samt Zenit und Nadir oder Himmel und Erde, und im Rang am nächsten stehen diesen solche Formen wie die Sonne, der Morgenstern, der Fels, der Adler, der Büffel. All diese Manifestationen sind in uns selber, wenn sie auch ihre Wurzel dauernd in der Gottheit haben. Obwohl der Große Geist Einer ist, enthält er in sich all jene Eigenschaften, deren Spuren wir sehen und deren Wirkungen wir in der Welt der Erscheinungen erfahren.[60]
Der Osten ist Licht und Erkenntnis und auch Friede; der Süden ist Wärme und Leben und daher auch Wachstum und Glück; der Westen ist befruchtendes Wasser und auch in Blitz und Donner sprechende Offenbarung; der Norden ist Kälte und Reinheit oder Stärke. Also hängt das All, auf welcher Stufe wir es auch betrachten, als Erde, Mensch oder Himmel von den vier ursprünglichen Bestimmungen ab, dem Licht, der Wärme, dem Wasser und der Kälte. Die Verteilung dieser vier Eigenschaften auf die vier Himmelsrichtungen ist deshalb bemerkenswert, weil sie weder eindeutig den vier Elementen Luft, Feuer, Wasser und Erde noch den analogen vier körperlichen Zuständen Trockenheit, Wärme, Feuchtigkeit und Kälte entsprechen, sondern vielmehr die beiden vierteiligen Ordnungen ungleich vermischt. So sind Norden und Süden durch Kälte und Wärme gekennzeichnet, repräsentieren aber nicht die beiden Elemente Erde und Feuer, während der Westen gleichzeitig der Feuchtigkeit und dem

Wasser entspricht; der Osten repräsentiert die Trockenheit und vor allem das Licht, nicht aber die Luft. Diese Verschiebung kann folgendermaßen erklärt werden: Die Elemente Luft und Erde werden in der räumlichen Symbolik des Alls mit dem Himmel und der Erde gleichgesetzt, während das Feuer als das dem Opfer dienende und verwandelnde Element die Mitte der Welt einnimmt. Wenn man in Betracht zieht, daß der Himmel die aktiven Aspekte beider Vierheiten, nämlich die der Elemente[61] und die der körperlichen Zustände vereint,[62] und daß die Erde ihre passiven Aspekte zusammenfaßt, wird man erkennen, daß die symbolischen Kennzeichnungen der vier Himmelsgegenden als eine Verschmelzung der beiden Pole, des himmlischen und des irdischen Pols, gemeint sind: Die Nord-Süd-Achse ist irdischer und die Ost-West-Achse himmlischer Natur.[63]

Allen Indianern gemeinsam ist die vierfache Gegenüberstellung der kosmischen Eigenschaften, doch kann die beschreibende Symbolik von einer Gruppe zur anderen und besonders zwischen so verschiedenen Gruppen wie den Sioux und den Irokesen sich wandeln. Bei den Cherokees zum Beispiel, die zu der zuletzt genannten Familie gehören, bedeuten Osten, Süden, Westen und Norden der Reihe nach Erfolg, Glück, Tod und Mißgeschick und werden durch die Farben Rot, Weiß, Schwarz und Blau dargestellt; während bei den Sioux alle vier Himmelsrichtungen eine positive Bedeutung haben und ihre Farben Rot, Gelb, Schwarz und Weiß sind. Immerhin besteht eine offensichtliche Beziehung zwischen dem Norden als Mißgeschick und dem Norden als Reinigung, da Prüfungen reinigen und stärken, oder zwischen dem Westen als Tod und dem Westen als Offenbarung, da beide Gedanken auf das Jenseits hinweisen. Bei den Ojibway schließlich, die zur Gruppe der Algonkin gehören, ist der Osten weiß wie das Licht, der Süden grün wie die Gewächse, der Westen rot oder gelb wie die untergehende Sonne und der Norden schwarz wie die Nacht. Die Zuordnungen verändern sich je nach den verschiedenen Standpunkten, die grundlegende Symbolik aber mit ihrer vierfachen Einteilung und ihren Gegensatzpaaren bleibt dieselbe.

Die entscheidende Rolle, welche die Himmelsrichtungen beim *Kalumet* spielen, ist wohlbekannt. Diese heilige Handlung ist das Gebet des Indianers, in dem er nicht für sich, sondern im Namen aller anderen Geschöpfe zu Gott spricht: Das ganze Weltall betet gemeinsam mit dem Menschen, der die Heilige Pfeife den Mächten oder der einen Macht darbringt.

Hier seien auch die anderen großen Riten des nordamerikanischen Schamanismus erwähnt; zusammen mit der Heiligen Pfeife sind es vier hauptsächliche heilige Handlungen: die Schwitzhütte *(Sweat Lodge)*, die Anrufung in der Einsamkeit und der Sonnentanz.[64] Die Zahl Vier wurde hier gewählt, nicht um zu begrenzen, sondern weil sie den Indianern heilig ist und auch weil sie eine Zusammenfassung möglich macht, die nichts Willkürliches hat.

Die Schwitzhütte ist der wichtigste Reinigungsritus der Indianer; durch ihn wird der Mensch zu einem neuen Wesen. Dieser Ritus und derjenige der Heiligen Pfeife sind durchaus grundlegend; der folgende ist es ebenfalls, doch in einem etwas anderen Sinn.

Das einsame Anrufen bzw. «Klagen», oder das «Aussenden einer Stimme», ist die erhabenste Form des Gebets; es kann auch stumm dargebracht werden, wenn es die Umstände erfordern,[65] denn sein Wesen besteht in einer geistigen Absonderung, die jeder Indianer einmal in seiner Jugend – und in diesem Fall in besonderer Absicht – durchmachen muß, die er jedoch auch zu irgendeiner Zeit wiederholen kann, seiner Eingebung oder den Umständen entsprechend.

Der Sonnentanz ist in gewissem Sinn das Gebet der ganzen Gemeinschaft. Für die, welche an diesem Tanz teilnehmen, bedeutet er, wenigstens esoterisch und grundsätzlich, eine Vereinigung mit dem Geist der Sonne und dadurch mit dem Großen Geist. Der Sonnentanz stellt sinnbildlich die

Bindung der Seele an Gott dar: So wie der Tänzer durch Riemen, welche die Sonnenstrahlen repräsentieren, mit dem Baum der Mitte verbunden ist, so ist der Mensch mit dem Himmel verbunden, kraft eines geheimnisvollen Bandes, das der Indianer einst mit seinem Blute zu besiegeln pflegte; heute begnügt er sich damit, drei oder vier Tage lang ununterbrochen zu fasten. Der Tänzer ist bei dieser heiligen Handlung gleich einem Adler, der der Sonne entgegenfliegt: Mit Hilfe einer aus Adlerknochen gemachten Pfeife gibt er einen schrillen und klagenden Laut von sich und ahmt zugleich auf gewisse Weise den Flug des Adlers nach, wobei er Federn in den Händen hält. Dieses gleichsam sakramentale Verhältnis zur Sonne läßt in der Seele eine unauslöschliche Spur zurück.[66]

Im Hinblick auf die magischen Handlungen der Schamanen hat man zwischen gewöhnlicher Zauberei und dem, was man kosmischen Zauber nennen könnte, zu unterscheiden: Letzterer wirkt kraft der Ähnlichkeit, die zwischen den Sinnbildern und ihren Urbildern besteht. Überall in der Natur, einschließlich des Menschen selber, kann man Möglichkeiten dieser Art entdecken: Stoffe, Formen und Bewegungen, die einander der Eigenschaft oder dem Typus nach entsprechen. Der Schamane trachtet danach, Erscheinungen zu meistern, die ihrer Natur oder den Umständen gemäß außerhalb seiner Reichweite liegen, indem er andere Erscheinungen ähnlicher – und damit metaphysisch «gleicher» – Art benutzt, die er selbst erzeugt, die also in seinem eigenen Bereich liegen. Der Medizinmann mag Regen herbeiführen, einen Schneesturm aufhalten, die Ankunft einer Büffelherde bewirken oder eine Krankheit heilen wollen, und zu diesem Zweck gebraucht er Formen, Farben, Rhythmen, Beschwörungen und wortlose Melodien. All das aber würde nicht genügen ohne die außerordentliche Kraft der inneren Sammlung des Schamanen, die durch lange Übung in der Einsamkeit, in der Stille und im Kontakt mit der jungfräulichen

Natur erworben wurde.[67] Sie kann auch die Frucht einer besonderen Gabe sein oder von der Einwirkung eines himmlischen Einflusses herrühren.[68]

Hinter jedem sinnlichen Phänomen liegt in der Tat eine Wirklichkeit seelischer Art verborgen, die unabhängig ist von den Begrenzungen des Raums und der Zeit. Indem er sich mit diesen Wirklichkeiten, mit diesen feinstofflichen und übersinnlichen Wurzeln der Dinge in Verbindung setzt, ist ein Schamane fähig, natürliche Ereignisse zu beeinflussen oder die Zukunft vorauszusagen. All das mag einem modernen Leser zumindest sehr seltsam vorkommen, da seine Vorstellungswelt von ganz anderen Eindrücken geprägt ist und anderen Gedankenverbindungen gehorcht als die eines mittelalterlichen oder archaischen Menschen. Sagen wir, daß sein Unterbewußtsein von einer Menge an Vorurteilen mit rationalen und wissenschaftlichen Ansprüchen erfüllt ist. Ohne weiter auf Einzelheiten einzugehen, mag es genügen, mit Shakespeare daran zu erinnern, daß «es mehr Dinge gibt im Himmel und auf Erden, als eure Schulweisheit sich träumen läßt . . .»

Die Schamanen sind aber auch *a fortiori* im gewöhnlichen Sinne des Wortes geübte Magier; es gelingt ihnen, über Kräfte seelischer Art, «dienstbare Geister», zu verfügen. Sie machen in diesem Fall jedoch nicht von der Ähnlichkeit zwischen Mikrokosmos und Makrokosmos oder zwischen den verschiedenen natürlichen Spiegelungen ein und derselben «Idee» Gebrauch. In der «weißen Magie», die in der Regel von den Schamanen ausgeübt wird, haben die Kräfte, die im Spiel sind, ebenso wie der Zweck der Handlung einen entweder positiven oder einfach neutralen Charakter. In anderen Fällen jedoch, wo die Geister unheilbringend und der Zweck nicht minder böse ist, handelt es sich um «schwarze Magie» oder Hexerei; wenn das zutrifft, so ist die Verbindung zu den höheren Mächten unterbrochen, nichts wird «in Gottes Namen» getan. Es erübrigt sich zu sagen, daß solche Verfahren, die die Gesellschaft gefährden und an und für sich bösartig sind, bei den Indianern wie bei den meisten anderen Völkern streng verboten waren.[69] Das schließt jedoch nicht aus, daß diese Praktiken bei gewissen Waldstämmen, ähnlich wie im spätmittelalterlichen Europa, eine gleichsam seuchenartige Verbreitung gefunden hatten, entsprechend ihrer unheimlichen und ansteckenden Natur.[70]

Eine Frage hat schon viele Leute, die am Schicksal der Indianer Anteil nehmen, beschäftigt: Was man vom «Geistertanz» zu halten habe, der eine so tragische Rolle bei der endgültigen Niederlage der Indianer des Westens gespielt hat. Im Gegensatz zur allgemein verbreiteten Meinung war dieser Tanz keine völlig neue Erscheinung; mehrere ähnliche Bewegungen hat es schon lange vor Wovoka, dem Stifter des Geistertanzes, gegeben. In der Tat ereignete sich ziemlich oft folgendes unter den Stämmen des Westens: Ein Seher, der nicht notwendigerweise ein Schamane ist, macht die Erfahrung des Todes und bringt, zum Leben zurückgekehrt, eine Botschaft aus dem Jenseits mit, in Gestalt von Wahrsagungen über das Ende der Welt, die Wiederkehr der Toten und die Erschaffung einer neuen Erde; es hat sogar Hinweise auf den «Sternenregen» gegeben. Der Botschaft folgt ein Aufruf zum Frieden und schließlich ein Tanz, der dazu dienen soll, das Eintreten jener Ereignisse zu beschleunigen und die Gläubigen, das heißt in diesem Fall die Indianer, zu beschützen. Kurz gesagt enthielten diese Botschaften von jenseits des Grabes gewisse eschatologische und «millenaristische» Anschauungen, wie sie in der einen oder der anderen Form in allen Mythologien und Religionen zu finden sind.[71]

Die Züge, welche der Geschichte des Geistertanzes ihren besonderen und tragischen Charakter verleihen, ergaben sich aus der psychophysischen Situation der Beteiligten zu diesem Zeitpunkt. In ihrer Verzweiflung bezogen die Indianer die Prophezeiungen auf die unmittelbar bevorstehende Zukunft und gaben ihnen außerdem einen kämpferischen Akzent, der gar nicht in Einklang mit dem friedlichen Charakter der ursprünglichen Botschaft stand. Allerdings sind es nicht die Indianer gewesen, welche den Streit auslösten. Was die angeblich übernatürlichen Erlebnisse gewisser Leute, namentlich unter den Sioux, betrifft, so scheinen sie nicht so sehr Gedankenübertragungen als vielmehr Wahnvorstellungen gewesen zu sein, die einer Massenpsychose entsprangen und zum Teil durch christliche Einflüsse bedingt waren. Wovoka hat stets bestritten, sich je für Christus ausgegeben zu haben, während er nie leugnete, dem göttlichen Wesen begegnet zu sein – was man übrigens auf sehr verschiedene Weisen verstehen kann –, noch hat er geleugnet, eine Botschaft erhalten zu haben; dabei liegt kein Grund vor, warum er das eine eher als das andere abstreiten sollte.[72] Es besteht kein Anlaß, Wovoka des Betrugs zu zeihen, um so weniger als er von Weißen, die gewiß kein Vorurteil zu seinen Gunsten hegten, als ein ehrlicher Mensch beschrieben worden ist; die Wahrheit ist zweifellos die, daß er selbst ein Opfer der Umstände war. Um jene ganze Bewegung richtig einordnen zu können, muß man sie in ihrem überlieferungsmäßigen Rahmen betrachten, als eine durch den «Polyprophetismus» der Indianer wie auch durch den allen Religionen gemeinsamen «apokalyptischen» Hang bedingte Manifestation, und zugleich muß man sie in ihrem zeitbedingten Zusammenhang sehen, im Hinblick auf den plötzlichen Zusammenbruch aller Lebensgrundlagen der Kultur der Steppenindianer.

Der faszinierende Zusammenhang von kriegerisch-stoischem Heldentum und priesterlicher Haltung verlieh dem Indianer der Steppen und Wälder eine Art von Hoheit, die zugleich an den Adler und an die Sonne gemahnt; daher die kraftvoll eigenartige und unersetzliche Schönheit, die mit dem Roten Mann verbunden war und zu seinem Ruhm als Krieger und als Märtyrer beiträgt.[73] Wie die Japaner zur Zeit der Samurai war der Indianer zutiefst Künstler in der äußeren Gestaltung seiner Persönlichkeit: Abgesehen von der Tatsache, daß sein Leben ein ununterbrochenes Spiel mit Leiden und Tod[74] und deshalb eine Art von ritterlichem

90

karma yoga[75] war, verstand er es, seinem geistigen Lebensstil eine künstlerische Form von unübertrefflicher Ausdruckskraft zu geben.

Ein bestimmter Wesenszug des Indianers konnte den Eindruck erwecken, daß er nicht nur tatsächlich, sondern auch grundsätzlich ein Individualist sei, und zwar die entscheidende Rolle, die bei ihm der sittliche Wert des Mannes, seine Charakterstärke und deshalb auch die Tat spielt.[76] Die heldenhafte und schweigsame Tat steht im Gegensatz zum eitlen Gerede des Feiglings; die Liebe zum Geheimnis, die Weigerung, das Heilige durch leichte Reden preiszugeben, die es herabwürdigen und vergeuden, erklärt sich daher. Der ganze Charakter des Indianers läßt sich in diese zwei Worte zusammenfassen: Tat und Geheimnis; blitzartige Tat, wenn es not tut, und unbewegtes Geheimnis. Gleich einem Felsen ruhte der Indianer von einst in sich selber, in seiner Persönlichkeit, um sie dann plötzlich, mit der Schlagkraft des Blitzes, in die Tat umzusetzen; zugleich aber blieb er demütig vor dem Großen Geheimnis, dessen Botschaft für ihn stets in der Natur ringsum sichtbar war.

Die Natur ist mit der heiligen Armut und auch mit der geistigen Kindheit im Bunde; sie ist ein offenes Buch, dessen Lehre von Wahrheit und Schönheit sich nie erschöpft. Inmitten seiner künstlichen Welt verdirbt der Mensch am ehesten; seine eigenen Erzeugnisse machen ihn habgierig und gottlos; im Kontakt mit der jungfräulichen Natur, die weder Unruhe noch Lüge kennt, hat der Mensch am meisten Aussicht, ein geistig Schauender zu bleiben, wie es die Natur selber ist. Die ganzheitliche und gleichsam göttliche Natur aber ist es, die über alle menschlichen Verirrungen hinweg das letzte Wort haben wird.

Um das plötzlich über die indianische Rasse hereinbrechende Schicksal richtig zu verstehen, muß man bedenken, daß diese Menschen jahrtausendelang in einer Art Paradies gelebt haben, das praktisch keine Grenzen kannte; die Indianer des

Westens lebten noch zu Beginn des 19. Jahrhunderts darin. Es war ein rauhes Paradies, gewiß, das aber ein großartig-wildes Heiligtum bildete und in mancher Hinsicht dem glich, was das nördliche Europa vor Ankunft der Römer war.[77] Da sich die Indianer geistig und menschlich dieser unverdorbenen – und in ihren Augen unantastbaren – Natur verbunden wußten, akzeptierten sie all ihre Gesetze und da-mit auch den Kampf ums Leben als eine Manifestation des «Rechtes der Besten». Mit der Zeit aber und infolge des «eisernen Zeitalters», in dem die Leidenschaften vorherr-schen und die Weisheit verschwindet, breiteten sich die Miß-bräuche mehr und mehr aus. Eine heldenhafte, aber rach-süchtige und grausame Eigenwilligkeit verdunkelte die unei-gennützigen Tugenden, wie das übrigens bei allen kriegeri-schen Völkern mehr oder weniger der Fall war. Die bevor-zugte Lage der Indianer – am Rande der «Geschichte» und der erdrückenden städtischen Kulturen – mußte sich eines Tages erschöpfen; es ist nicht erstaunlich, daß dieses Sich-Erschöpfen eines gleichsam gealterten Paradieses mit dem Anbrechen der modernen Zeit zusammenfiel.[78]

Selbstverständlich vermag die Tatsache, daß sich die Er-eignisse aus einer gewissen Sicht als zwangsläufig darstellen, keine der Niederträchtigkeiten, deren Opfer der Indianer seit Jahrhunderten war, zu mildern oder zu entschuldigen, denn sonst hätten die Begriffe von Gerechtigkeit und Unge-rechtigkeit keinen Sinn und es hätte niemals weder Verräte-rei noch Tragödie gegeben. Die Verteidiger der weißen Er-oberung und all ihrer Folgen machen gern geltend, daß alle Völker zu allen Zeiten Gewalttaten verübt haben – Gewalt-taten wohl, aber nicht notwendigerweise Gemeinheiten, noch dazu im Namen der Freiheit, der Gleichheit, der Brü-derlichkeit, der Kultur, des Fortschritts und der Menschen-rechte ... Die bewußte, berechnete, methodische, amtliche – und nicht anonyme – Vernichtung der roten Rasse, ihrer Überlieferungen und ihrer Kultur, in Nordamerika und teil-weise auch in Südamerika, war keineswegs ein unvermeidlicher Vorgang – den man gegebenenfalls durch die Naturgesetze entschuldigen könnte, wenn man nicht zugleich behaupten würde, diese Gesetze dank der «Zivilisation» überwunden zu haben –, sie war und ist eines der größten Verbrechen und eine der unerhörtesten Verwüstungen, deren Andenken die Geschichte bewahrt hat.

Nachdem das gesagt ist, bleibt noch der Aspekt der Unausweichlichkeit der Dinge übrig, der des Verhängnisses, infolgedessen das, was möglich ist, sich stets auf irgendeine Weise manifestieren muß, und alles, was geschieht, seine nahen oder fernen Ursachen hat. Dieser Aspekt der Welt und des Schicksals verhindert jedoch nicht, daß die Dinge sind, was sie sind; das Böse bleibt das Böse auf seiner Ebene. Man verurteilt das Böse wegen seiner Natur, nicht wegen seines unausweichlichen Charakters; letzteren nimmt man an, denn das Tragische gehört notwendigerweise zum göttlichen Spiel, und sei es nur deshalb, weil die Welt nicht Gott ist. Man akzeptiert den Irrtum nicht, aber man findet sich mit seiner Existenz ab. Doch jenseits der irdischen Zerstörungen gibt es das Unzerstörbare: «Jede Form, die du siehst», singt Rumi, «hat ihr Urbild in der göttlichen Welt, jenseits des Raumes; daß die Form untergeht, was macht es, da ihr himmlisches Vorbild unzerstörbar ist? Jegliche schöne Form, die du gesehen hast, jegliches tiefe Wort, das du vernommen hast – sei nicht traurig, weil sich all das verliert, denn dem ist nicht so.

Die göttliche Quelle ist unsterblich, und ihr Lauf spendet Wasser ohne Unterlaß; da weder die eine noch das andere je versiegen kann, worüber klagst du?... Seit dem Augenblick, da du in diese Welt des Daseins getreten bist, ward eine Leiter vor dich hingestellt...»

AUF DEN SPUREN VON *MÂYÂ*

Mâyâ[79] ist nicht nur die «All-Täuschung», sie ist auch das «göttliche Spiel». Sie ist die große Theophanie, die «Entschleierung» Gottes[80], «in Ihm selbst und durch Ihn selber», wie die Sufis sagen würden.[81] Man kann sie mit einem zauberhaften Gewebe vergleichen, dessen Zettel verhüllt und dessen Einschlag enthüllt. Als die fast unfaßbare Vermittlerin zwischen dem Endlichen und dem Unendlichen – das ist sie jedenfalls von unserem geschöpflichen Standpunkt aus gesehen[82] – besitzt sie all die schillernde Vieldeutigkeit, die ihrer halb kosmischen, halb göttlichen Natur entspricht.

Die Lehre der Vedantiker ist unbestreitbar die reinste Metaphysik; sie vermittelt alle wesentlichen Wahrheiten, doch es mag sein, daß diejenige der Sufis in einem Punkt mehr aussagt, nämlich über das «Warum» und das «Wie» des «göttlichen Spiels». Die Hindus sagen gern, daß *Mâyâ* unerklärbar sei; die Muslime dagegen beharren auf der «göttlichen Begründung» der Schöpfung, nach dem göttlichen Ausspruch *(hadîth qudsî)*: «Ich war ein verborgener Schatz. Ich wollte erkannt sein,[83] und Ich schuf die Welt.» Die Welt ist eine «Ausdehnungsweise» der göttlichen Unendlichkeit, wenn man sich so ausdrücken darf. Mit anderen Worten, wenn *Allâh* nicht unter anderen Eigenschaften die der «Äußerlichkeit» *(azh-Zhâhir)* besäße, wäre Er nicht Gott; oder auch: Er allein vermag die Wirklichkeit in das Nichts einzuführen.[84] Es ist wahr, daß die einander entgegengesetzten göttlichen Eigenschaften wie «Äußerlichkeit» und «Innerlichkeit», «Gerechtigkeit» und «Barmherzigkeit», «Verge-

bung» und «Rache» ihrerseits schon dem Bereich von *Mâyâ*
angehören,[85] denn sonst bestünde kein Gegensatz zwischen
ihnen, doch drückt nichtsdestoweniger eine jede von ihnen
ein Geheimnis der Wesenheit oder des höchsten Selbst aus;
denn alle göttlichen Aspekte, die äußerlichen wie auch die
innerlichen, hängen zusammen in der Einheit der Wesenheit.

Wenn die Welt kraft eines Mysteriums der göttlichen
Unendlichkeit notwendig ist – wobei man weder die Vollkommenheit der Notwendigkeit mit dem Zwang noch die
Vollkommenheit der Freiheit mit der Willkür verwechseln
darf –, so ist *a fortiori* das schöpferische Sein vor der Welt
notwendig; was die Welt für das Sein, das ist – *mutatis mu-
tandis* – das Sein für das höchste Nicht-Sein. *Mâyâ* umfaßt
nicht nur die Manifestation allein, sie behauptet sich schon
und erst recht «im Innern» des göttlichen Ursprungs. Der
Ursprung, der «erkannt sein» oder «erkennen will», neigt
sich der Entfaltung seiner inneren Unendlichkeit zu, einer
Entfaltung, die zunächst als Potenz verharrt und dann äußerlich und kosmisch wird.[86] Das Verhältnis «Gott – Welt»,
«Schöpfer – Geschöpf», «Ursprung – Manifestation» wäre
undenkbar, wenn es nicht in Gott selbst vorgebildet wäre,
unabhängig von der Schöpfung.

Die Behauptung, daß *Mâyâ* «unerklärbar» sei, bedeutet
nicht, daß es da eine unlösbare Frage gebe; die einzige unlösbare Frage ist die nach dem «Warum» des höchsten Urgrunds, *Atmâ*, und sie ist unlösbar, weil sie sinnlos ist, da das
Absolute nicht durch irgend etwas Bedingtes erklärt werden
kann. Das Absolute ist entweder unbegreifbar oder aber von
blendender Selbstverständlichkeit. Dagegen ist die Frage
nach dem «Warum» von *Mâyâ* nicht sinnlos, vorausgesetzt,
man hat die reine Ursächlichkeit und nicht irgendeine auf
den Menschen zugeschnittene Begründung im Auge. Die
Bedingtheit oder Relativität hat ihren zureichenden Grund
im Unbedingten oder Absoluten, sie ist kraft desselben klar,
wenn sie auch an sich fragwürdig bleibt.

Wir können verstehen, warum das Absolute notwendigerweise das Bedingte erzeugt, doch gibt es in letzterem etwas, das sich unserer Einsicht in die Ursächlichkeit entzieht, nämlich das «Warum» dieser oder jener Zufälligkeit. Wir verstehen die Lehre von den Möglichkeiten, die Wahl aber, die Verteilung und das Zusammentreffen der Möglichkeiten bleiben für uns geheimnisvoll. Die Dinge sind dunkel in dem Maße, als sie der Bedingtheit angehören, und wenn es eine reine Bedingtheit geben könnte, wäre sie lauter Finsternis und Unverständlichkeit. Unser Nichtverstehen selbst aber ist da eine Art von Verstehen: Wenn wir nicht verstehen, so deshalb, weil es im Weltall notwendigerweise einen Spielraum für das Willkürliche und das Unerklärliche gibt, der auf seine Weise die göttliche Freiheit manifestiert. Oder auch: Wenn wir vom Gedanken ausgehen, daß das Unbedingte und es allein das vollkommen Klare und durchaus Selbstverständliche ist, so können wir dementsprechend annehmen, daß das Bedingte das Unverständliche, Zweideutige, Zweifelhafte ist. Das ist der Standpunkt der Vedantiker; *Mâyâ* ist also nichts anderes als die Bedingtheit, und die ist eben in gewisser Hinsicht «geheimnisvoller» als das Unbedingte. Doch deutet in diesem Fall das «Geheimnis» auf etwas Mittelbares, Verneinendes und Chaotisches hin. Kurz, die Hindus unterstreichen diesen Aspekt von Willkürlichkeit und Unbestimmtheit in ebendem Maße, als sie ihren Blick auf den «Überfluß an Klarheit» – wie Thomas von Aquin sagen würde – der reinen Wirklichkeit heften.

Von diesem geistig undurchdringlichen und gewissermaßen «unsinnigen» Aspekt von *Mâyâ* oder *Prakriti*[87] rührt zu einem guten Teil jenes störende Element her, das sich in unsere Gedanken mischt, sobald sie sich von ihrer normalen Aufgabe entfernen, welche die eines «Hinweises» und nicht die einer erschöpfenden Wiedergabe des Wirklichen ist. Von einem völligen Zusammenklang unseres Denkens mit dem Wirklichen zu reden, ist ein Widerspruch an sich, da unser Denken nicht das Wirkliche ist und die Gleichheit ohne diesen Abstand oder diesen Unterschied gegenstandslos wäre.

Aber daraus zu schließen, daß uns die vollständige Wahrheit unzugänglich sei, ist ein noch größerer Irrtum, der übrigens mit dem erstgenannten zusammenhängt, weil hier wie dort eine Verwechslung von unmittelbarem Erkennen und Denken vorliegt. Wenn die Tatsache, daß wir einen vollkommen richtigen Begriff eines Baumes haben können, keineswegs bedeutet, daß unser Denken mit dem Baum eins sei, so bedeutet die gegenteilige Tatsache, nämlich daß unsere Gleichheit kein Einssein ist, ebensowenig, daß wir den Baum in keiner Weise zu erkennen vermögen. Wie dem auch sei, der Wunsch, die Allwirklichkeit in eine ausschließliche und erschöpfende «Erklärung» einzuschließen, bringt eine ständige Gleichgewichtsstörung mit sich, die daher kommt, daß *Mâyâ* in unser Denken hineinspielt, und von dieser Gleichgewichtsstörung und dieser Unruhe lebt die moderne Philosophie. Letzten Endes rührt dieses Unverständliche oder Verstandeswidrige, das *Mâyâ* an sich hat, dieses unfaßbare und uns gleichsam «narrende» Element, das die «Philosophie nach dem Fleische» (Apostel Paulus) im toten Kreis herum und schließlich zum Selbstmord treibt, von der Transzendenz des Urgrunds her, die sich ebensowenig in blinde Gedankengebilde einschließen läßt, als sich unsere Fähigkeiten der Wahrnehmung durch die Sinne erfassen lassen. Wir sagen «einschließen», denn die «hinweisende» Rolle wohlbegründeter logischer Vorgänge steht außer Frage.

Von einem Aspekt der «Unsinnigkeit» kann man bei *Mâyâ* deshalb sprechen, weil die Relativität oder Bedingtheit notgedrungen einen Widerspruch in sich birgt, der sich zum Beispiel in der Vielheit des – logischerweise doch einzigen – Ich manifestiert, wie auch in der unvorstellbaren und doch unleugbaren Grenzenlosigkeit von Raum, Zeit, Zahl, Vielfalt, Materie. Im Verhältnis zu den stets irgendwie beschränkten Vollkommenheiten der Welt besitzt die göttliche Person gewiß in unvergleichlich überlegener Weise all die Vollkommenheiten, deren Spuren die Welt aufweist. Im Hinblick auf ihre überontologische Wesenheit aber kann man nicht behaupten, daß ihre Bestimmung als Sein die Vollkommenheit reiner[88] Absolutheit besitzt, noch daß der Gegensatz gewisser göttlicher Namen keinerlei Widerspruch in sich schließt; es ist dennoch unmöglich, von einer «Unsinnigkeit» zu sprechen, die jenseits der Manifestation, also im Wesen des Schöpfergottes als solchem läge, das heißt, insofern er sich von der höchsten Gottheit durch die Wirkung von *Mâyâ*, die hier ihren Ursprung hat, unterscheidet. Der Gegensatz der göttlichen Namen verschwindet übrigens in ihren sprachlich nicht faßbaren Wurzeln: Auf der Stufe des Seins gibt es wohl einen Gegensatz zwischen der «Vergebung» und der «Rache», jenseits dieser Stufe aber vereinigen sich diese Begriffe in ihrer gemeinsamen Wesenheit; es gibt da «Ausweitung», wenn man sich so ausdrücken darf, aber keine «Aufhebung».

Wir haben vom Schöpfergott «als solchem» gesprochen; diese Einschränkung war keineswegs überflüssig, denn wer «Sein» sagt – es sei denn im Sinne einer unterscheidenden Bestimmung –, der sagt zugleich auch «Nicht-Sein» oder «Über-Sein». Es sind da feine, aber schwerwiegende Unterschiede des Ausdrucks zu beachten, denn man kann von Gott nicht auf irgendeine Weise sprechen. Das Sein in seiner Bestimmtheit ist nicht das Über-Sein oder das höchste Selbst, doch «Gott» ist immer «Gott» – sofern nicht ausdrücklich ein metaphysischer Vorbehalt gemacht wird –, das heißt, daß es in ihm wohl Aspekte, aber keine Unterteilungen gibt, und daß diese Aspekte stets mit der ganzen Gottheit verbunden sind.

Die Unterscheidung in Gott zwischen einer überontologischen und überpersönlichen Wesenheit einerseits und einer schon bedingten «Selbstbestimmung» – die dem Sein und der Person entspricht[89] – andererseits kennzeichnet wesentlich den Unterschied zwischen der streng metaphysischen und weisheitsmäßigen Sicht und den kataphatischen und seinsmäßigen Theologien, in dem Maße, als sie eindeutig das sind.

Hier sei daran erinnert, daß der Intellekt – der uns eben die Unbedingtheit des Selbsts und die Bedingtheit der «Vergegenständlichungen» offenbar macht – nur insofern, als er uns zugänglich ist, nicht aber an sich «menschlich» ist. Er ist wesentlich *increatus et increabilis* (Eckhart), wenn er auch «nebenbei» durch seine Ausstrahlung im Makrokosmos und in den Mikrokosmen erschaffen ist. Geometrisch ausgedrückt ist der Intellekt eher ein Strahl als ein Kreis, er «strahlt» von Gott aus, bevor er ihn «spiegelt». «*Allâh* wird nur durch Ihn selbst erkannt», sagen die Sufis, und dieser Satz, der den Menschen von der unmittelbaren und vollständigen Erkenntnis auszuschließen scheint, drückt in Wirklichkeit die wesentliche und geheimnisvolle Göttlichkeit des reinen Geistes aus. Formeln solcher Art kann man nur ganz verstehen, wenn man sie im Lichte dieses oft erwähnten *hadîth* betrachtet: «Wer seine eigene Seele erkennt, der erkennt seinen Herrn.»

Da die Sonne nicht Gott ist, muß sie sich jeden Abend vor dem Throne *Allâhs* niederwerfen; so heißt es im Islam. Und genauso kann *Mâyâ*, da sie nicht *Atmâ* ist, sich nur in Unterbrechungen manifestieren; die Welten entspringen dem göttlichen Wort und kehren in es zurück. Die Unbeständigkeit entgilt die Bedingtheit; die Frage, warum es ein Ende der Welt und eine Auferstehung geben wird, läuft auf die Frage hinaus, warum eine Atembewegung an einem ganz bestimmten Punkt aufhört, um der entgegengesetzten Bewegung Raum zu geben, oder warum eine Welle sich vom Ufer zurückzieht, nachdem sie es überflutet hat, oder auch, warum die Tropfen eines Springbrunnens auf die Erde zurückfallen. Wir sind göttliche Möglichkeiten, die in die Nacht des Daseins hinausgeworfen und durch ebendieses Hinauswerfen zerteilt wurden, wie das Wasser in Tropfen zerperlt, wenn es in die Leere hinausgeschleudert wird, oder auch, wie es zu Kristallen gerinnt, wenn die Kälte es erfaßt.

Wer «Manifestation» sagt, meint eben damit auch «Rückkehr zur Nicht-Manifestation». Der Irrtum der Materialisten – ihr Mangel an Vorstellungskraft, könnte man sagen – liegt darin, daß sie von der Materie als von einer unveränderlichen Gegebenheit ausgehen,[90] während dieselbe nur eine Bewegung ist, die unsere Eintagsfliegen-Erfahrung nicht zu überschauen vermag, eine Art von vorübergehender Gerinnung eines unseren Sinnen an sich unzugänglichen Urstoffs. Es ist, als stellten wir die Härte des Eises fest, ohne zu wissen, daß das Eis je Wasser und dieses Wasser je eine Wolke war. Die unseren Sinnen zugängliche Materie stammt mit all dem, was sie enthält, von einer übersinnlichen Protomaterie, einem Urstoff ab, der unter der Einwirkung des «göttlichen Odems» fast unbegrenzt bildbar ist.[91] In diesem Urstoff hat sich das irdische Wesen erstmals gespiegelt und «verkörpert», was der Mythos von der Opferung *Purushas* auf seine Weise zum Ausdruck bringt. Aufgrund der Teilungsfähigkeit dieses Urstoffs hat das göttliche Bild sich vervielfacht; doch die Geschöpfe waren noch immer «Zustände von Bewußtsein», Zustände geistiger Schau nach innen und durch sich selbst erleuchtet, und im Hinblick darauf hat man sagen können, daß im Paradies die Wölfe und die Schafe friedlich zusammenlebten.

In dieser urstofflichen *Hyle* hat die Erschaffung der Arten stattgefunden. Nachdem das mannweibliche Urwesen in seinen beiden Pole auseinandergefallen war, fand seine «Veräußerlichung», der «Fall Adams» statt, und da in dem feinen und lichten Urstoff alles gleichsam miteinander verbunden war, zog dieser Fall die «Materialisierung», die grobstoffliche Verdichtung oder «Gerinnung» aller irdischen Geschöpfe und die Ausprägung all der daraus folgenden Gegensätze nach sich. In einer Welt der Materie können die Zwiste und die Nöte nicht nicht-sein, und sie abschaffen zu wollen – anstatt stets das geringere Übel zu wählen –, ist nur die verderblichste aller Selbsttäuschungen.

Der Mensch ist wie ein verkleinertes Abbild des kosmogonischen Vorgangs: Wir sind aus Materie gemacht, in der Mitte unseres Wesens aber befindet sich das Übersinnliche und das Überweltliche, das «Himmelreich», das «Auge des Herzens», der Zugang zum Unendlichen. Die Behauptung, daß die Materie – die in Wirklichkeit nur ein Augenblick ist – «am Anfang» des Weltalls sei, läuft auf die Annahme hinaus, daß das Fleisch den Verstand und das Gestein das Fleisch hervorbringen könne. Wenn Gott das «Omega» ist, so ist er auch das «Alpha»: Das göttliche Wort ist «am Anfang» und nicht nur «am Ende», wie es eine scheingeistige Entwicklungslehre, deren metaphysische Nichtigkeit auf der Hand liegt, behauptet. Die «Emanation» oder Ausstrahlung des Daseins kann aufgrund der Transzendenz und Unwandelbarkeit des göttlichen Wesens kein ununterbrochener Vorgang sein; ein solcher würde dem Schöpfer im Hinblick auf die Schöpfung Grenzen setzen, *quod absit*.

Es gibt eine Theorie – doch Gott ist wissender –, nach welcher das astronomische Weltall ein ungeheures Zerplatzen darstellt, das von einem unfaßbaren Kern ausgeht. Worin auch immer der Wert dieser Vorstellung bestehen mag, man kann jedenfalls das gesamte Weltall, im Vergleich zu dem das sichtbare Weltall nur eine winzige Zelle darstellt, auf dieselbe Weise beschreiben, wenn man das Bild auch nicht buchstäblich auffassen darf: Wir wollen damit sagen, daß die manifestierte *Mâyâ*,[92] die selbstverständlich in ihrer Gesamtheit sich unserer Wahrnehmung und unserer Vorstellung entzieht, eine ähnliche Bewegung beschreibt, nämlich eine Bewegung, welche die Mitte flieht, bis zur Erschöpfung all der Möglichkeiten, die Gott ihr geliehen hat; denn jede Ausdehung erreicht früher oder später ihren toten Punkt, ihr «Weltende» oder ihr «Jüngstes Gericht».

Gewisse Gelehrte sind zu dem Schluß gelangt, daß der Raum kugelförmig sei, doch ihre Prinzipien hindern sie daran, eine grundlegende Wahrheit zu erfassen, ohne die jedoch alle Betrachtungen über das Werden der Welt und der Dinge eitel bleiben: die Wahrheit, daß auch die Zeit – wie übrigens alles, was von *Mâyâ* abhängt – kreisförmig ist. Ein Indianer hat vom «Großen Geist» sprechend sehr richtig bemerkt, daß «alles, was die Macht der Welt bewirkt, im Kreis abläuft».

Der Himmel ist rund ... sogar die Jahreszeiten bilden einen
großen Kreis in ihrem Rundtanz, und sie kommen immer zu
ihrem Ausgangspunkt zurück.»[93] So bewegt sich alles, was
Dasein hat, in kreisförmigen Bahnen, alles entspringt dem
Absoluten und kehrt zum Absoluten zurück.[94] Das ist so,
weil das Relative nur als ein «kreisförmiger» – nämlich vorübergehender, weil zum Ursprung zurückkehrender – «Vorgang» aus dem Unbedingten denkbar ist, weil der Raum
rund ist, und weil die Geschöpfe am Ende ihres Lebens dem
Nichts begegnen, aus dem sie hervorgegangen sind, und
dann dem Absoluten, das ihnen das Dasein verliehen hat.
Den Menschen als relativ bezeichnen – was übrigens ein
Pleonasmus ist, da er da ist –, heißt, daß er unweigerlich dem
Absoluten begegnen wird; die Relativität ist ein Kreis, der
erste aller Kreise. *Mâyâ* kann sinnbildlich als eine große
Kreisbewegung oder auch als ein kugelförmiger Zustand beschrieben werden.[95] Der Tod kann das Ich nicht zerstören,
sonst wäre es ja möglich, den Geist auf der stofflichen Ebene
zu erschaffen. Das aber ist eine unsinnige Annahme, denn
das «Weniger» hat außerhalb des quantitativen Bereichs keine unbedingte Gewalt über das «Mehr». Je nach dem Grad
seines Einklangs mit dem Ursprung wird das Geschöpf vom
Schöpfer behalten oder verworfen werden; das ganze Dasein
aber wird schließlich samt dem Sein selber in die Unendlichkeit des Selbsts zurückkehren. *Mâyâ* kehrt zurück zu *Atmâ*,
obwohl strenggenommen nichts aus *Atmâ* heraustreten und
folglich auch nichts zu ihm zurückkehren kann.

Die Aufgabe des Menschen ist, das Unbedingte in das Bedingte einzuführen, wenn man eine so vereinfachende Ausdrucksweise gebrauchen darf. Und das ist auch in der Folge
– da der Mensch seiner Sendung allzuoft untreu geworden
ist – die Rolle der Offenbarung und des *Avatâra*, wie auch
des Wunders. Beim Wunder wie bei den anderen Theopha-
nien zerreißt der Schleier der *Mâyâ* gleichnishaft: Das Wunder, der Prophet, die Weisheit sind metaphysisch notwendig,

es ist undenkbar, daß sie in der menschlichen Welt nicht
aufträten. Der Mensch selbst aber trägt in sich all diese Elemente in seinem Verhältnis zur irdischen Welt, für welche er
die Mitte und die Öffnung zum Himmel oder der *Pontifex*
ist. Der Sinn des menschlichen Lebens ist – im Anklang an
eine christliche, auf das gegenseitige Verhältnis von Mensch
und Gott bezogene Formel ausgedrückt – zu verwirklichen,
daß *Atmâ Mâyâ* geworden ist, auf daß *Mâyâ Atmâ* werde.[96]

Der Islam hat sich in Gestalt eines Epos manifestiert. Eine Heldengeschichte aber wird mit dem Schwert geschrieben, so daß in diesem glaubensmäßigen Zusammenhang das Schwert eine heilige Rolle spielt: Das Töten hat nicht mehr denselben Charakter wie in der weltlichen Geschichte, selbst wenn sich Gefährten des Propheten gegenüberstehen; der Kampf wird zum Gottesurteil – so wie im biblischen Geschehen.

Die Geburt einer Religion läuft auf die Schaffung eines scheinbar und in gewisser Hinsicht wirklich neuen Typus von Geistigkeit und Sittlichkeit hinaus. Im Islam besteht dieser Typus aus dem – in christlicher Hinsicht paradoxen – Gleichgewicht von beschaulichem und kämpferischem Wesen sowie von heiliger Armut und geheiligter Geschlechtsliebe. Der Araber – oder der durch den Islam arabisierte Mann – hat gleichsam vier Pole: die Wüste, das Schwert, das Weib und die Religion. Beim geistig beschaulichen Menschen sind diese vier Pole verinnerlicht: Die Wüste, das Schwert und das Weib werden zu lauter Zuständen oder Verhaltensweisen der Seele; Gott ist nicht mehr nur der allmächtige Herr, er offenbart sich als die tiefinnerste Liebe.[97]

Auf der allgemeinsten, zunächst äußerlichen Ebene bedeutet das Schwert Tod – den Tod, den man gibt und den Tod, dem man sich aussetzt, so daß sein Duft immer gegenwärtig ist. Das Weib verkörpert ein ähnlich wechselseitiges Verhältnis; es ist zugleich die Liebe, die man empfängt, und die Liebe, die man schenkt, und damit der Inbegriff aller gütigen Tugenden; es gleicht den Duft des Todes mit dem Duft des Lebens aus. Der tiefste Sinn des Schwertes liegt darin, daß es keinen Edelmut ohne einen Verzicht auf das Leben geben kann. Das mit der sufischen Einweihung verbundene Gelübde – das historisch auf den «Treuebund des göttlichen Wohlgefallens» *(bai'at ar-ridhwân)* zurückgeht – enthält darum das Versprechen, bis zum Tod zu kämpfen, zum Tod, der im Falle der Krieger-Märtyrer *(shahîd, shuhadâ)* körperlich, im Falle der Derwische, der «Armen» *(faqîr, fuqarâ)*, aber geistig zu verstehen ist. Das Zusammenspiel von Liebe und Tod im Rahmen der Armut und angesichts des Unbedingten macht das ganze Wesen des arabischen Edelmuts aus, und wir zögern nicht zu sagen, daß eben das der Grundstoff der ursprünglichen muslimischen Seele ist.

Um die tatsächlichen Gegebenheiten des arabisch-islamischen Geschehens richtig einzuschätzen, ist es wichtig, sich darüber klar zu sein, daß der Islam seinem Wesen nach eine politische Dimension besitzt, die dem ursprünglichen Christentum fremd war und die auch das zur Staatsreligion gewordene Christentum nur als eine weltliche Beifügung kannte. Die Politik aber bringt ihrem Wesen nach Gegensätze mit sich, weil sie stets verschiedene Lösungen anbietet und weil dabei verschiedenartige menschliche Begabungen im Spiele sind. Die Gefährten des Propheten mußten deshalb zwangsläufig unterschiedlicher politischer Meinung sein, wobei der Einsatz, um den es ging, kein geringerer als der endgültige Sieg des Islams war. Sie lebten nebeneinander her gleich Schlafwandlern, wenn dieser Vergleich erlaubt ist, oder, besser gesagt, gleich verschiedenen Religionen, die sich ja ebenfalls berühren, ohne sich gegenseitig zu verstehen. Jeder stand mit «heiligem Starrsinn» für seine eigene Schau des Wirklichen, Guten und Wirksamen ein. Die unerhörte Beständigkeit der islamischen Einrichtungen, allen Wechselfällen der Geschichte zum Trotz, beweist, daß die Gefährten des Propheten nicht bloß ihren Leidenschaften folgten, sondern daß ihren Streitigkeiten etwas Unwandelbares und Heiliges zugrunde lag; wenn sie wieder und wieder auf ihren verschiedenen Standpunkten beharrten, entsprang ihre Unnachgiebigkeit ihrer Aufrichtigkeit.

Das Drama der Prophetengefährten ist letzten Endes das der Ausschließlichkeit des menschlichen Ichs: Es bestünde kein Problem, wenn es nur Gute und Böse gäbe. Das große Paradoxon liegt darin, daß es Gute gibt, die so verschieden sind, daß sie sich gegenseitig nicht verstehen können, wobei ihre Verschiedenheit weniger durch ihr Wesen als durch die andersartigen Situationen und Berufungen bedingt ist. Die großen Heldengedichte wie die *Ilias* oder das *Nibelungenlied* zeigen diese Verstrickung der Gemütsarten, Standpunkte, Verantwortungen, Pflichten und Schicksale in ihrer ganzen tragischen Größe: Kampf im Äußeren, im Strome der Erscheinungen, doch Einheit im Inneren, im unveränderlichen Streben nach dem befreienden Licht.

Um nun die Entzweiungen der Gefährten des Propheten im Hinblick auf die einzelnen politischen Umstände zu beurteilen, muß man vor allem berücksichtigen, daß diese Männer nicht wie die Apostel unter dem Schutz einer *pax romana* standen; sie waren Gründer und Verteidiger eines Reichs, ganz abgesehen vom besonderen Charakter ihres Glaubens. Die Lage des werdenden Islams war voll unvermeidbarer Gegensätze: Einerseits standen den Koreischiten als den Herren des Islams die in den Eroberungskämpfen zu Helden gewordenen Beduinen gegenüber, und andrerseits schieden sich die Koreischiten selbst in die beiden Sippen, der Haschimiten und der Omayyaden, wobei erstere, die Sippe des Propheten, den streng glaubensmäßigen *(dînî)* Standpunkt vertraten, während letztere, die Sippe seines ehemaligen Gegners Abû Sofyân, eine mehr oder weniger politische oder gar weltliche *(dunyâwî)* Einstellung an den Tag legten. Der Kern der Gemeinschaft, gegen den sich die anschwellende Flut der erobernden und reich gewordenen, vor allem durch die Städte Bosra und Kufa vertretenen Beduinen auflehnte, bestand übrigens nicht nur aus dem mekkanischen

Stamm der Koreisch, sondern auch aus den medinensischen Gefährten des Propheten, den *ansâr;* beide Gruppen zusammen bildeten eben jenen geistigen Adel, den der Ausdruck «Gefährten» *(sahâbah)* bezeichnet. Schließlich gab es, abgesehen von diesen sehr allgemeinen Spannungen, den Gegensatz zwischen den Aliden und allen anderen Anwärtern auf das Kalifat.[98]

All diese Gegensätze lagen im Wesen der Dinge – man denke nur an die blutige Geburt der lateinischen Christenheit zur Zeit Chlodwigs und Karls des Großen! –, und nichts berechtigt dazu, diese Kämpfe, die nur das Schwert entscheiden konnte, auf persönliche Interessen zurückzuführen. Die Geschichte selbst beweist das Gegenteil, indem sie uns zeigt, daß neben diesem Spiel der historischen Zwangsläufigkeiten eine Entfaltung höchster sittlicher Werte stattfand, von dem unveränderlichen Wesen der heiligen Form, die sowohl das geistige als auch das gesellschaftliche Leben prägte, nicht zu reden.

Man kann sich – nebenbei gesagt – die Frage stellen, worüber sich die extremen Parteigänger Alis und seiner Söhne eigentlich beklagten. Ali war Kalif und ebenso Hassan;[99] wenn der ganze Islam von ihnen abhängt, warum waren sie dann nicht erfolgreich? Denn entweder ist der Islam Ali und seine Nachkommenschaft – dann mußten sie siegen nach dem Willen Gottes, laut Voraussetzung sozusagen, denn eine Religion, die sich nicht durchsetzen kann, ist nicht gottgewollt. Oder aber Ali und seine Nachkommenschaft haben den Kampf verloren – dann hängt der Islam nicht von ihnen ab, was um so deutlicher zutage tritt, als die Urheber seiner blitzartigen Ausbreitung – die ja das große äußere Wunder des Islams darstellt – eben jene Kalifen waren, die von den Anhängern Alis verworfen werden. Manche Leute werden vielleicht einwenden, daß Ali und seine Söhne verräterisch ermordet wurden; gewiß, aber warum hat der Prophet selbst nicht dieses Schicksal zu Beginn seiner Sendung erlitten? Zweifellos deshalb, weil die Person des Propheten, entsprechend der Vorsehung, den Erfolg des Islam verkörpert. Eine Religion ist oder ist nicht: Wenn Gott eine Religion erweckt, will er auch, daß sie sich durchsetzt; tut sie es nicht, so kommt sie nicht von Gott; es handelt sich dann vielleicht um eine Bruderschaft von Essenern oder Pythagoräern, aber nicht um eine Religion.

Im großen und ganzen laufen die Kämpfe zwischen Omayyaden und Aliden auf den Gegensatz zwischen Heiligkeit und politischer Wirksamkeit hinaus, das heißt auf die Unmöglichkeit, beides unter allen Umständen miteinander zu vereinbaren. Abû Bakr und Omar hatten es vermocht; bei Othmân und vielleicht noch mehr bei Ali überwog die Heiligkeit entschieden, doch muß man auch zugeben, daß es äußerst schwierig war, eine Menge so leidenschaftlicher und ehrgeiziger, von jeher in Sippen zersplitterter und daher kaum an das Zusammengehen gewohnter Männer, wie die Araber es waren, im Gleichgewicht zu halten. Wie dem auch sei, es gab seit den Anfängen des Islams eine Minderheit von geistig und eine Mehrheit von politisch Gesinnten: Aus der ersten Gruppe gingen die Sufis hervor; sie sind deren Erben.

Man hat mit einer etwas überraschenden Selbstsicherheit behauptet, das ursprüngliche Sufitum habe nur die Furcht gekannt – das Sufitum der Liebe sei später gekommen und noch später das der Erkenntnis –, und man hat nicht versäumt, diese Abfolge als eine Entwicklung darzustellen, deren verschiedene Phasen auf fremde Einflüsse zurückzuführen seien. In Wirklichkeit ist diese dreiteilige Entfaltung eine normale zyklische Auswirkung der geistigen Anlagen des Islams: Das, was grundsätzlich den höchsten Rang einnimmt, muß sich im Hinblick auf die allgemeine Bedeutung manifestieren. Daraus entsteht der täuschende Eindruck eines Fortschritts, wenn man die tieferen Gründe dieses Vorgangs nicht kennt. Es gibt da zwei nebeneinander herlaufende und einander ergänzende Bewegungen: Einerseits zerfällt die Gemeinschaft in dem Maße, als sie sich vom Ursprung entfernt; andrerseits aber – und ohne daß dabei die Geistigkeit im ganzen zunähme – treten im Laufe der Geschichte Zeiten geistiger Blüte ein, und zwar in aufsteigender Linie, indem die am Anfang unausgesprochenen Werte auf lehrhafter Ebene entfaltet und ausgesprochen werden, so daß man sagen könnte, daß es im Rahmen des allgemeinen Zerfalls und zu dessen Ausgleich eine Art von allmählich fortschreitendem Aufblühen gibt. Es handelt sich dabei um eine Erscheinung, die man bei allen Religionen wahrnehmen kann, namentlich auch im Buddhismus. Und darum treten auch im Schoße jeder Religion von Zeit zu Zeit «Erneuerer» *(mudjaddid)* auf,[100] die man in einem abgeleiteten und beiläufigen, aber dennoch wirklichen Sinn mit «Propheten» vergleichen kann. Im Islam gehören Abd al-Qâdir al-Djîlânî, Dhûn-Nûn der Ägypter, Râbi'ah Adawîyah, der Imâm Shâdhilî, Rûmî, Ghazâlî und Ibn Arabî zu ihnen.[101]

Ein scheinbar paradoxer Grund jener Erscheinung ist der, daß die offenbare Entfaltung der Sicht der Liebe eine von der Sicht der Furcht geprägte menschliche Umwelt voraussetzt und daß ebenso die Entfaltung der Sicht der Erkenntnis eine durch die Sicht der Liebe vorbereitete Umwelt braucht. Das bedeutet, daß eine Religion Zeit haben muß, die ihr zugeordnete Menschheit zu gestalten, um dieser Umwelt entsprechend diese oder jene geistigen Akzente setzen zu können; dassselbe gilt auch für die heilige Kunst oder für die Liturgie im allgemeinen.

Die sufische Dreiheit «Furcht» *(makhâfah)*, «Liebe» *(mahabbah)* und «Erkenntnis» *(ma'rifah)* manifestiert sich im Rahmen des gesamten Monotheismus in den Formen der drei semitischen Religionen, wobei jede von ihnen ihrerseits und auf ihre Weise mehr oder weniger betont alle drei Wege enthält. Das Christentum beginnt mit den rauhen Wüstenvätern, es blüht im Mittelalter zarter wieder auf, unter dem Zeichen der Jungfrau-Mutter, um dann zaghaft – denn der Akzent liegt ganz auf der Liebe – gewissen Manifestationen der Gnosis Raum zu geben, die schon in der Scholastik zu finden sind. Voll entfaltet erscheint diese, gleichsam in einer Art Exil, bei den deutschen Mystikern und Theosophen und anderen mehr oder weniger isolierten Gruppen.

Auch im Judentum konnte die Zeit der Psalmen und des Hohenliedes nicht die des Pentateuchs sein, und die Kabbalisten konnten sich nicht vor dem Mittelalter zeigen und entfalten.[102] In diesem Zusammenhang sei auch daran erinnert, daß im Judentum, welches die Betonung auf das Verhältnis zwischen Gott und Israel legt, im ganzen genommen vor allem Glaube und Furcht von Bedeutung sind; die Furcht Gottes umfaßt hier Liebe und Erkenntnis, die nicht fehlen dürfen.

Das Christentum legt seinerseits den Akzent auf die erlösende Manifestation Gottes; es ist eine Sicht des Glaubens und der Liebe, die auf ihre Weise die der Furcht und der Erkenntnis umfaßt. Der Islam schließlich legt das Hauptgewicht auf die göttliche Einheit und deren menschliche Anwendungen; Glauben und Erkenntnis umfassen bei ihm Furcht und Liebe.

Jede Religion ist eine Botschaft von der göttlichen Wirklichkeit und zugleich vom kosmischen Gleichgewicht, beides im Hinblick auf einen bestimmten Ausschnitt der Menschheit, der zwar nicht das Ausmaß der Botschaft, aber doch ihre Art und Weise bedingt; das Gleichgewicht bezieht sich mehr auf die Gestalt des göttlichen Boten, die Wirklichkeit auf seinen Geist. Die Frage, die sich praktisch stellt, ist die nach der Weise, in welcher der Logos das Gleichgewicht oder, genauer gesagt, diesen oder jenen Aspekt des waagrechten Gleichgewichts verkörpern muß: Im Fall von Mohammed verlangt das Gleichgewicht ein tiefes Eindringen in den menschlichen Bereich – und sei es nur aus dem einfachen Grund, weil dies einer Möglichkeit entspricht und sich folglich innerhalb der Reihe der göttlichen Boten verwirklichen muß. Christus nähert sich nicht in gleichem Maße dem Alltäglich-Menschlichen; doch ist er von der Jungfrau-Mutter begleitet, die in gewissem Sinn die Rolle übernimmt, uns näher zu sein und uns den Zugang zu dem, was uns allzusehr übersteigt, zu erleichtern. Gewiß, die Jungfrau bleibt der menschlichen Kleinheit fern, aber sie tritt in ihrer mütterlichen Barmherzigkeit für sie ein und befreit gewissermaßen davon durch ihre jungfräuliche Schönheit.

Das Christentum legt den Schwerpunkt seiner Botschaft ganz auf die göttliche Äußerung, auf Christus und, damit zusammenhängend, auf die menschliche Verinnerlichung, den Weg des Opfers; es gebietet die vollständige Liebe Gottes, Gott gibt sich als Liebe kund. Der Islam dagegen legt das Hauptgewicht auf die göttliche Einheit, auf das überweltliche und zugleich allem innewohnende Eine; er gebietet den aufrichtigen und damit vollständigen und verwandelnden Glauben; Gott ist erlösende Wahrheit.

Das Christentum überbrückt das Elend des aus dem irdischen Paradies verstoßenen Menschen durch die erlösende Person Christi; der Islam stützt sich auf das unzerstörbare Wesen des Menschen – dank welchem derselbe nie aufhören kann, das zu sein was er ist – und rettet den Menschen nicht dadurch, daß er ihm ein neues Wesen verleiht, sondern dadurch, daß er ihm mittels der normalen Inhalte seines unwandelbaren Wesens, seine ursprüngliche Vollkommenheit zurückgibt.

Im Islam ist es die Botschaft – die reine und unbedingte Wahrheit –, die dem Boten ihren Glanz leiht: Dieser ist vollkommen in dem Maße, als die Botschaft es ist oder weil die Botschaft es ist. Der Christ reagiert sehr empfindlich, in negativem Sinn, auf den außergöttlichen und allgemein menschlichen Charakter, mit dem sich der Prophet des Islams zeigt, und kann diesen Charakter einem nach Christus auftretenden Religionsgründer nicht verzeihen. Der Muslim seinerseits stößt sich an einem gewissen einseitigen Zug der evangelischen Lehre – ein Gefühl, das er übrigens mit den Hindus und den Buddhisten teilt. Das ist zwar alles offensichtlich eine bloße Frage der Form, da jede Religion ihrem Wesen nach etwas Vollständiges ist, doch sind es eben die formalen Eigentümlichkeiten und nicht die inneren Grenzenlosigkeiten, welche die Religionen voneinander trennen.

«Richtet nicht, auf daß ihr nicht gerichtet werdet...», «Wer das Schwert zieht, wird durch das Schwert umkommen...», «Wer von euch ohne Sünde ist, der werfe den ersten Stein...» All diese Aussprüche werden erst verständlich, wenn man ihrer besonderen Absicht Rechnung trägt, das heißt: Sie sind nicht an den Menschen als solchen, sondern an den leidenschaftlichen Menschen oder an die leidenschaftliche Seite des Menschen gerichtet. Denn selbstverständlich muß und kann es geschehen, daß ein Mensch einen anderen zu Recht richtet, sonst gäbe es weder eine «Unterscheidung der Geister» noch eine Gerechtigkeit; auch kann es vorkommen, daß Menschen mit gutem Recht das Schwert ziehen, ohne deshalb durch das Schwert umzukommen, oder auch, daß Menschen aus gutem Grund Steine werfen, ohne sich die Frage stellen zu müssen, ob sie selbst Sünder seien oder nicht. Denn es versteht sich von selbst, daß weder die Anwälte noch die Scharfrichter sich diese Frage zu stellen haben. Die Gesetze vom Sinai oder die des Korans und der Sunna mit den Gesetzen Christi vergleichen, heißt nicht, einen Widerspruch feststellen, sondern einfach von verschiedenen Dingen reden.

Gerade der ins Alltägliche, Einzelne gehende, anscheinend erdgebundene Charakter des islamischen Gesetzes, die Berücksichtigung aller Ebenen des Menschlichen und die Betonung des seelisch-leiblichen Gleichgewichts sind in Wirklichkeit ein Hinweis auf das rein Geistige, Erkenntnismäßige. Denn einerseits ist die Erkenntnis an sich nicht leidenschaftlich beschwingt, wie es ein gewisser mystischer Idealismus möchte, sondern sie ist sachlich und weist jedem Ding seinen Platz zu; andererseits ist gerade diese allumfassende Sachlichkeit, dieses nüchterne Fragen nach dem einfachen Wesen der Dinge ein weiser Ausgangspunkt zur höchsten Erkenntnis. Dabei muß man sich des notwendigen Zusammenhangs von Einheitsgedanken und Gleichgewicht bewußt sein: Außerhalb der göttlichen Einheit oder Unbedingtheit ist nichts im vollen Sinne des Wortes wirklich, aber gerade deshalb hat alles am göttlichen Sein teil, und dieses Teilhaben am Einen macht das Gleichgewicht aus. Die Nüchternheit des Islams bedeutet also nicht, daß auf geistiges Heldentum verzichtet wird, sondern lediglich, daß durch eine sinnvolle Regelung alles Menschlichen, auch des Kleinsten, eine gottgewollte Grundlage für dieses Heldentum geschaffen werden soll.

Ein arabischer Derwisch sagte einmal zum Verfasser: «Nicht ich habe die Welt verlassen, sondern die Welt hat mich verlassen.» Das ist bezeichnend: Der Ausgangspunkt der Weltüberwindung ist hier der aufrichtige, folgerichtige Glaube an das Eine. Ist dieser Glaube aufrichtig – und im Islam ist Aufrichtigkeit alles –, dann wird einerseits begriffen, daß die Welt ein gar nicht begehrenswerter, weil ja bloß verfänglicher und vergänglicher Schatten ist, und andererseits bindet sich dann die Seele an Gott, ganz im Sinne des immerwährenden Herzensgebets der Hesychasten. Die Gottesliebe ist im Islam nicht notwendiger Ausgangspunkt, sondern Gnadengeschenk: Ausgangspunkt ist nur die Gesetzestreue und der aufrichtige Glaube an das Eine. Daraus ergibt sich die Gottesliebe – und zwar nicht aufgrund unserer Liebe zu Gott, sondern durch Gottes Liebe zu uns; denn bei allem Eifer verlegt der Muslim die Ursache immer ins Göttliche.

Die außerordentliche Vielfältigkeit der Sunna ist nicht dazu angetan, die Umrisse der geistigen Persönlichkeit des Propheten zu vereinfachen, zumindest nicht für jene, welche nicht die Grundzüge des Phänomens Mohammed kennen. Der Prophet verkörpert gewissermaßen die menschliche Potenz in ihrer ganzen Breite, er muß deshalb alle Aspekte dieser Potenz darstellen, soweit sie bezeichnend sind; daraus ergibt sich eine Fülle von Worten, die sich dem buchstäblichen Sinn nach manchmal widersprechen, aber stets in absoluter Form dargeboten werden. Volkstümlich ausgedrückt, «muß es für jeden Geschmack etwas geben»: Am Gläubigen ist es, das auszuwählen, was ihm gemäß ist, und am Weisen, jeden Ausspruch auszulegen und ihn gegebenenfalls auf die richtige Ebene zu beziehen; es ist unmöglich, alles buchstäblich zu befolgen, und diese Unmöglichkeit beweist an sich schon das, was wir sagten. Diese Vielfalt im Bereich des Menschlichen ist übrigens einer der kennzeichnenden Züge des Islams; man hat in dieser weitschweifigen Vielseitigkeit ein Zeichen von Schwäche und Unbestimmtheit sehen wollen, doch geht man damit am Wesen der Sache vorbei. Für den Islam liegt das Element der Unbedingtheit in seiner Einheitslehre und in der geistigen Prägeform, die das Gesetz darstellt; auf der menschlichen Seite – den Propheten inbegriffen – zeigt sich dafür ein Aspekt der Zufälligkeit, Vielfältigkeit, der Kasuistik und Unbegrenztheit der Daseinsweisen. Der Islam will alle Größe Gott vorbehalten; der Prophet ist der dem Zufälligen vermählte Logos.

Der Träger der göttlichen Botschaft muß diese einem gegebenen menschlichen Grundstoff einprägen können. Der jeweilige Träger gehört einer bestimmten völkischen Gruppe an und muß deshalb in seiner Seele eine Art von typologischer und veredelter Verwandtschaft mit dieser Gruppe besitzen, auf jeden Fall eine unmittelbare Einfühlung in die Grundstimmung seiner Umgebung. Man kann sich vorstellen, daß ein chinesischer Weiser einige Beduinen beeindruckt, nicht aber, daß er alle Beduinen überzeugt und bei ihnen eine Religion gründet, mit all den Eigenschaften von Verbreitungskraft und Beständigkeit, die ein solches Werk notwendigerweise in sich schließt.[103]

Die arabische Seele ist aus Armut gemacht; vor diesem Hintergrund muß man die Eigenschaften der Großmut, des Mutes und der Ergebenheit und die Fehler des Ehrgeizes, der Gewalttätigkeit und der Unüberlegtheit sehen. Alles entspringt der Armut, entfaltet sich in ihr und taucht in sie zurück; die Eigenart der arabischen Beredsamkeit liegt darin, daß sie arm ist, ihre Weitschweifigkeit ist die der Wüste. Der Araber erträgt den Reichtum nicht – die Geschichte beweist es –, deshalb richtet sich das ethische Verdikt des Islams auch hauptsächlich gegen die Reichen. An sich ist jene Armut weder gut noch böse, sie ist zugleich unfruchtbar und tugendhaft; doch beinhaltet sie offensichtlich eine Anlage zur Heiligkeit in Verbindung mit dem Ideal der geistigen Armut und der Askese, und das erklärt, warum die Araber zum auserwählten Volk einer Weltreligion werden konnten. In negativer Hinsicht erklärt das die Dürftigkeit oder die moralisierende Eintönigkeit der arabischen Heiligenlegenden; das billige Wunderbare ist das Opium der heiligen Armut. Um diesen mit Wundern durchsetzten moralisierenden Sand auszuhalten oder gar annehmen zu können, muß man sich auf den Standpunkt der arabischen Seele stellen: Man muß sich arm machen und nur für die sittlichen Schönheiten ein Ohr haben, und man muß sich sagen, daß Gott, der unendlich Reiche, diese Armut und diese von ihr getragenen Schönheiten zu lieben vermag. Denn einerseits ist auch er der unendlich Einfache und andrerseits liebt er das, was von der Welt fort und zu ihm hin führt. Den Koran psalmodieren heißt die heilige Armut trinken.

Man hat sich viel über die Trockenheit des koranischen Stils gewundert, einige Suren ausgenommen, die vorwiegend mekkanischen Ursprungs sind; es liegt darin jedoch eine Absicht, abgesehen davon, daß ein offenbartes Buch diesen Ranges nie den Stil der vorhergehenden Offenbarungen wiederholt. Die Bibel – oder ein großer Teil davon – ist wie Wein; der Koran gedenkt, trocken zu bleiben wie der Sand der Wüste, er will durch lauter Trockenheit trunken machen, wenn man so sagen kann. Er will jeder Gefahr von titanischer Ichbezogenheit vorbeugen und einen Menschen schaffen, der in der Armut und in der heiligen Kindheit verwurzelt ist. Die rhythmische Arabeske der Sprache, durch welche die Trockenheit der Worte ausgeglichen wird, gehört zum Sakrament, weshalb das Buch auch unübersetzbar ist, denn diese rhythmische Eigenart – die auch in der Schrift sichtbar ist – verliert sich in der Übersetzung. Die Leitgedanken – immer dieselben – sind wie dem Schleier eines zauberischen Redestroms eingewoben, der fast unabhängig vom wörtlichen Sinn auf die Seele einwirkt.

Der islamische Kult der Armut enthält eine allgemeingültige Botschaft, die man ebenso im Evangelium findet, wenn auch nicht in solch eindringlicher Monotonie. Der Mensch wird daran erinnert, daß die Norm nicht in einem Höchstmaß an Bequemlichkeiten und folglich an Bedürfnissen besteht – denn das ist ein Teufelskreis –, sondern, im Gegenteil, in einem in jeder Hinsicht gut ausgeglichenen Mindestmaß. Der Maßstab dafür aber hängt nicht von unserem Gutdünken ab; er ergibt sich aus unserer Würde als *Pontifex* und damit aus unserem höchsten Ziel, also aus dem Bewußtsein, das wir von unserem wahren Wesen und unserer geistigen Berufung haben sollen. Daraus folgt, daß die Armut nur Sinn hat in einer Gesellschaft, die dieses Bewußtsein besitzt und eine Umwelt schafft, in welcher die Schlichtheit des Lebens das Streben nach Gott und die ihm entsprechenden Tugenden begünstigt. Der Arme hat wesentlich Anrecht auf eine geistige Umwelt in jeder Hinsicht; die Armut ist sinnlos, wenn sie zur Folge hat, daß der Einzelne gewissermaßen von der menschlichen Art ausgeschlossen wird, wobei die Art hier eben unter dem Gesichtspunkt jener geistigen Berufung gemeint ist.

Diese Lehre wäre von geringer Bedeutung, wenn sie nicht eine unendlich wichtigere Weisheit spiegelte: «*Beati pauperes in spiritu quoniam ipsorum est regnum caelorum.*» Die koranische Grundlage dieser Weisheit ist der Vers 15 der Sure «Der Schöpfer»: «O ihr Menschen, ihr seid die Bedürftigen Gottes, und Gott ist der Reiche *(al-Ghaniy)*, dem alles Lob gebührt» *(al-Hamîd)*. Die «Bedürftigen», das sind jene, die nichts von sich aus besitzen und alles von einem anderen empfangen müssen; der «Reiche», das ist der, welcher sich selbst genügt, der niemanden nötig hat und aus seinem eigenen Wesen heraus lebt. Das aus Myriaden von erkennenden und begehrenden Subjekten gewobene Weltall hat letzten Endes nur einen einzigen inneren Pol des Erkennens, aus dem es lebt; das ganze Weltall ist nur die zahllos vervielfachte Manifestation oder das ewig wiederholte und niemals gleiche Echo der unerschöpflichen Potenz des Einen, «dem alles Lob gebührt». Diese Formel bedeutet, daß der Eine die sowohl transzendente als immanente Quintessenz aller Eigenschaften ist, die eben dadurch seiner «bedürftig» sind und ohne ihn nicht zu leben vermöchten.

Jede Religion hat eine Form und einen Inhalt, eine Botschaft. Der Islam hat sich dank seines Inhalts blitzartig ausgebreitet, und seine Ausbreitung fand ein Ende wegen seiner Form. Der Inhalt hat alle Rechte, er rührt vom Absoluten her; die Form jedoch ist relativ, ihre Rechte sind deshalb begrenzt. Der Irrglaube ist eine von ihrem ursprünglichen Inhalt abgetrennte Form; die uranfängliche und allgültige Weisheit dagegen ist der außerhalb der Formen aufgefaßte – und manchmal manifestierte – Inhalt.

Was die formale Begrenztheit betrifft, so kann man die Tatsache nicht übersehen, daß die buchstäbliche und ausschließliche Auslegung der Glaubensbotschaft durch ihre relative Unwirksamkeit widerlegt wird; wohlverstanden nicht innerhalb ihres vorsehungsmäßigen Ausbreitungsbereichs, sondern im Hinblick auf die Gläubigen der anderen Religionen. «Wenn Gott die Welt ehrlich hat retten wollen», antwortete ein chinesischer Kaiser Missionaren, «warum hat er dann China jahrhundertelang in der Finsternis gelassen?» Die unwiderlegbare Logik dieses Einwands beweist nicht etwa, daß eine bestimmte Glaubensbotschaft falsch sei, wohl aber, daß ihre Wirkung nach außen hin durch ihre Form begrenzt ist, ebenso wie eine bestimmte geometrische Figur nicht allein alle Möglichkeiten des Raumes zu erschöpfen vermag.

Jener grundsätzliche Einwand läßt sich offensichtlich auch noch anderweitig anbringen; so zum Beispiel: Wenn Gott die Welt wirklich durch die christliche Religion und durch kein anderes Mittel hat retten wollen, wie konnte er dann zulassen, daß ein paar Jahrhunderte später, als das Christentum sich noch nicht einmal in Europa fest etabliert hatte, eine andere, zugleich blitzartig einschlagende und in sich geschlossene Religion eben jene Gegenden eroberte, in denen das Christentum begonnen hatte zu wirken, und so ein für allemal der christlichen Ausbreitung nach Osten hin einen ehernen Riegel vorschob? Umgekehrt: Wenn das Erscheinen des Islams bedeutet hätte, daß der ganze Erdball sich dieser Religion anschließen solle, so könnte man sich nicht erklären, warum Gott diese Religion mit einer menschlichen Vorstellungswelt verband, die das christliche Empfinden vor den Kopf stößt und damit das Abendland der mohammedischen Botschaft unweigerlich verschließt.

Wenn man dagegen einwendet, daß der Mensch frei sei und Gott ihm folglich die Freiheit lasse, überall und irgendwann eine falsche Religion zu gründen, so haben die Begriffe keinen Sinn mehr: Denn ein wirksamer göttlicher Eingriff müßte dieser Freiheit des Menschen, sich ihm entgegenzustellen, Rechnung tragen, wenigstens in einem solchen Maße, daß der wesentliche Zweck der Botschaft gewährleistet, die Botschaft allgemein verständlich wäre und von allen Menschen guten Willens vernommen würde. Man kann einwenden, der Wille Gottes sei unergründlich; wenn er es aber in dieser Hinsicht und in solchem Maße ist, verliert die glaubensmäßige Beweisführung viel von ihrer Überzeugungskraft. Es ist wahr, daß der verhältnismäßige Mißerfolg der Glaubensausbreitung nie die Zuversicht der Gläubigen getrübt hat, doch konnte sich ja die Frage gar nicht stellen, solange das Weltbild noch ein beschränktes war und man die Erfahrung eines Stillstands der Glaubensausbreitung noch nicht gemacht hatte. Wenn die Einstellung der Gläubigen auch später, als die Grenzen sichtbar wurden, sich nicht geändert hat, so beweist das im positiven Sinne, daß die Religionen innere Werte zu bieten haben, die kein irdischer Zufall zu schmälern vermöchte, und im negativen Sinne, daß Vorurteil und Mangel an Phantasie zur menschlichen Natur gehören und diese beiden Züge sogar jenen schützenden Zaun bilden, ohne den die meisten Menschen gar nicht imstande wären zu leben.

Sich von einer Religion zu einer anderen bekehren, bedeutet nicht nur, Anschauungen und Mittel zu vertauschen, sondern auch, eine bestimmte Betonung des Gefühls durch eine andere zu ersetzen. Gefühlsbetonung aber heißt Begrenzung: Die gefühlsmäßige Grenzzone, die eine jede der geschichtlichen Religionen umgibt, beweist auf ihre Weise die Begrenztheit aller Exoterik und damit auch die Begrenztheit der exoterischen Ansprüche. Innerlich oder dem Gehalt nach ist der glaubensmäßige Anspruch unbedingt, doch äußerlich und formal, auf der Ebene der menschlichen Zufälligkeiten also, ist er notgedrungen bedingt. Würde die Metaphysik nicht ausreichen, das zu beweisen, erbrächten die Tatsachen selbst den Beweis.

Stellen wir uns nun beispielsweise auf den Standpunkt des exoterischen Islams mit seinem Anspruch auf Alleinherrschaft: Zu Beginn der muslimischen Ausbreitung waren die Umstände so, daß die Lehre des Islams unbedingt einleuchtete; später aber mußte die jedem formalen Ausdruck eigene Bedingtheit notwendigerweise zutage treten. Wenn die exoterische – nicht die esoterische – Behauptung des Islams unbedingt und nicht bedingt wäre, könnte kein Mensch guten Willens diesem «kategorischen Imperativ» widerstehen. Jeder, der ihm widerstrebte, wäre von Grund auf schlecht, so wie das am Anfang des Islams tatsächlich der Fall war, als man nicht ohne Verderbtheit die magischen Götzenbilder dem reinen Gott Abrahams vorziehen konnte.

Der heilige Johannes Damaszenus bekleidete ein hohes Amt am Hof des Kalifen von Damaskus;[104] er bekehrte sich nicht zum Islam, ebensowenig wie der heilige Franz von

Assisi in Tunesien oder der heilige Ludwig in Ägypten, oder Gregor Palamas in der Türkei.[105] Es ist überliefert, daß der Sufi Ibrâhîm ibn Adham zeitweilig einen christlichen Einsiedler zum Meister hatte, ohne daß einer von beiden sich zur Religion des anderen bekehrt hätte. Ebenso ist überliefert, daß Seyyid Ali Hamadanî, der eine so entscheidende Rolle bei der Bekehrung Kaschmirs zum Islam spielte, Lallâ Yôgîshwarî kannte, die nackte *Yôginî* des Tales, und daß die beiden Heiligen füreinander eine tiefe Verehrung hegten trotz der Verschiedenheiten ihrer Religionen, so daß man sogar von einer gegenseitigen Beeinflußung gesprochen hat.[106] All das zeigt, daß die Unbedingtheit des Islams, wie die jeder anderen Religion, in dessen Esoterik liegt, und daß die Bedingtheit der Exoterik bei der Begegnung mit anderen großen Religionen und ihren Heiligen notwendigerweise zutage treten muß.

ÜBER DIE EINFALT

Allen Menschen, die uns vorausgegangen sind, eine einfältige Denkart zuzuschreiben ist das einfachste Mittel, sich selbst zu verherrlichen, und es ist um so leichter und verfänglicher, als man sich dabei auf richtige, wenn auch bruchstückhafte Feststellungen stützen kann, die mit Hilfe von schiefen Verallgemeinerungen und willkürlichen Ausdeutungen zugunsten einer fortschrittsgläubigen Entwicklungslehre ausgeschlachtet worden sind. Zuallererst müßte man sich darüber einigen, was mit Einfalt gemeint ist. Wenn Einfalt darin besteht, gerade und unbefangen zu sein und weder Verstellung noch Umwege zu kennen und zweifellos auch gewisser Erfahrungen zu entbehren, so besitzen – oder besaßen – die nicht modernen Völker in der Tat eine gewisse Einfalt; wenn aber einfältig sein bloß bedeutet, daß es einem an Verstand und Urteilskraft fehlt und daß man allen möglichen Täuschungen erliegt, so gibt es gewiß keinen Grund anzunehmen, daß unsere Zeitgenossen weniger einfältig seien, als unsere Ahnen es gewesen sind.

Wie dem auch sei, es gibt wenige Dinge, die dieses von seinen Wurzeln abgeschnittene Wesen, der «Mensch unserer Zeit», schlechter ertrüge als die schreckliche Vorstellung, einfältig zu erscheinen; alles andere mag untergehen, wenn bloß das Gefühl, niemals der Dumme zu sein, unversehrt bleibt. In Wirklichkeit besteht die größte Einfältigkeit darin zu glauben, daß der Mensch jeglicher Einfalt auf allen Ebenen entrinnen könne und daß es ihm möglich sei, aus eigener Kraft ganz und gar klug zu sein. Wenn man alles mit List gewinnen will, verliert man am Ende alles durch Blindheit und Ohnmacht. Jene, die unseren Ahnen vorwerfen, aus Dummheit leichtgläubig gewesen zu sein, vergessen zunächst, daß man auch aus Dummheit ungläubig sein kann, und ferner, daß an Leichtgläubigkeit nichts den Selbsttäuschungen gleichkommt, von denen die sogenannten Zerstörer der Täuschungen leben, denn man kann eine einfache Gläubigkeit durch eine vielschichtige Leichtgläubigkeit ersetzen, die mit den Mäandern eines vorschriftsmäßigen, zum Stil gehörenden Zweifels verziert ist – es handelt sich denn noch um Leichtgläubigkeit; die Vielschichtigkeit macht den Irrtum nicht weniger falsch noch die Dummheit weniger dumm.

Im Gegensatz zum landläufigen Zerrbild eines hoffnungslos einfältigen Mittelalters und eines unvorstellbar klugen 20. Jahrhunderts machen wir geltend, daß die Geschichte niemals die Einfalt aufhebt, sondern sie bloß verschiebt, und daß die schreiendste Einfältigkeit eben darin liegt, sich dessen nicht bewußt zu werden. So gibt es nichts Einfältigeres als diese Anmaßung, auf allen Ebenen wieder «bei Null» anzufangen, oder diese planmäßige – und unsagbar freche – Selbstentwurzelung, die gewisse Bestrebungen der zeitgenössischen Welt kennzeichnen. Man liebt es, nicht nur den Menschen des Mittelalters, sondern sogar den jüngst vorangegangenen Geschlechtern alle mögliche Dummgläubigkeit zuzuschreiben; man würde sich schämen, ihnen zu gleichen; das 19. Jahrhundert scheint schon fast so fern zu sein wie die Zeit der Merowinger.

Die allgemein verbreiteten Meinungen beweisen, daß man sich für unvergleichlich «realistischer» hält als irgendein «Geist» einer selbst nahe liegenden Vergangenheit. «Unserer Zeit» scheint gleich einer wurzellosen Insel oder gleich einer unerhört klugen Monade über Jahrtausenden von Kinderei und dumpfer Träumerei zu schweben. Die zeitgenössische Welt ist wie ein Mensch, der sich schämen würde, Eltern gehabt zu haben, und der sich selbst erschaffen und den

Raum, die Zeit und alle physischen Gesetze neu erfinden möchte, oder der aus dem Nichts eine sachlich vollkommene und gefühlsmäßig bequeme Welt hervorgehen lassen möchte – und all das durch eine schöpferische Tätigkeit ohne Gott oder gegen Gott. Das Unglück ist, daß man in der Absicht, ein neues Sein zu schaffen, nur dahin gelangt, sich selbst zu zerstören.

Der Durchschnitt der heutigen Jugend neigt dazu, scheint es, unsere Väter für alles Übel verantwortlich zu machen, was eine vollkommen unsinnige Haltung ist, denn abgesehen davon, daß unsere Väter denselben Vorwurf ihren Vätern machen könnten und so weiter, beweist nichts, daß die Kinder der gegenwärtigen Jugend nicht guten Grund dazu haben werden, ihren Eltern dasselbe vorzuwerfen. Wenn die Jungen von heute erklären, daß sie grundsätzlich unschuldig seien, weil sie keinerlei «Ideologie» hätten und sich nicht um Politik kümmerten, so vergessen sie, daß eine Welt aus eben diesem Grund Schiffbruch erleiden mag. Man kann ein Unglück dadurch hervorrufen, daß man etwas tut, man kann es aber auch dadurch verschulden, daß man nichts tut, um so mehr, als man nie allein auf der Welt ist und andere es übernehmen, für jene, die keine Lust dazu haben, zu denken und zu handeln. Der zeitgenössische Mensch hat eine Menge von Erfahrungen angehäuft, und das erklärt eine gewisse Enttäuschung, allein, die Folgerungen, die er daraus zieht, sind so verkehrt, daß sie tatsächlich all das, was errungen wurde oder errungen sein sollte, zunichte machen.

Eine Tatsache, die irreführen kann und die man auch nicht verfehlt auszunutzen, ist die Analogie zwischen der Kindheit des Einzelnen und jener der Völker, diese Entsprechung aber trägt nur zum Teil und ist in einer gewissen Beziehung sogar umgekehrt, da die Allgemeinheit in dieser Hinsicht das Gegenteil – oder das umgekehrte Spiegelbild – des einzelnen Menschen darstellt. Während beim einzelnen Menschen die in der Tat das Alter die Zeit der Weisheit ist, fällt diese bei der überlieferungstreuen Gemeinschaft – und auch bei der Menschheit in ihrer Gesamtheit – mit dem Ursprung zusammen, das heißt mit den «apostolischen Zeiten» für eine Kultur und mit dem «goldenen Zeitalter» für die ganze Menschheit. Doch wie jede Kultur zerfällt, und wie die Menschheit zerfällt, indem sie sich den «letzten Zeiten» nähert, so verfällt auch der einzelne Mensch zumindest körperlich mit dem Alter; und so wie die Epoche der Offenbarung oder das «goldene Zeitalter» eine Zeit darstellen, in der Himmel und Erde sich berühren und die Engel mit den Menschen sprechen, so ist auch die Kindheit des Einzelnen in gewisser Beziehung eine Zeit der Unschuld, des Glücks und der Nähe zum Himmel. Es gibt demnach eine unmittelbare Analogie mit den Kreisläufen der menschlichen Allgemeinheit und zugleich eine umgekehrte Analogie, die die Weisheit an den Anfang des gemeinschaftlichen Lebens und an das Ende des einzelmenschlichen Lebens stellt. Dennoch ist nicht zu leugnen, daß eine gealterte Gesellschaft Erfahrungen gesammelt und Künste entwickelt hat – was aber nur eine Entäußerung darstellt –, und eben das ist es, was zum Irrtum verleitet, wenn man von vornherein die Zielsetzungen des Evolutionismus annimmt.

Man muß offenbar zwischen einer wesentlichen und einer nur beiläufigen Einfalt unterscheiden, diese letztere besteht nur zufällig und im Verhältnis zu einer Welt, die aus gewissen Erfahrungen hervorgeht, aber auch von Scheinheiligkeit, eitler Gewandtheit und Vortäuschung erfüllt ist. Wie sollte ein Mensch, der nichts von Lüge weiß oder sie nur als schwere Sünde und Ausnahme kennt, nicht einfältig sein nach dem Geschmack einer feigen und sich verstellenden Gesellschaft? Für eine überschlaue Person ist jeder normale Mensch einfältig; für die Betrüger sind die ehrlichen Leute die Einfältigen. Sogar ein gewisser kritischer Sinn ist bei weitem nicht an sich ein Zeichen von Überlegenheit, sondern nur die Reaktion auf eine durchwegs verfälschte Umgebung: So bringt die Natur Regungen der Selbstverteidigung und Anpassungsmechanismen hervor, die sich nur durch eine bestimmte Umwelt oder immer wiederkehrende Umstände erklären lassen. Man wird ohne weiteres zugeben, daß die klimatisch bedingten körperlichen Eigenschaften der Eskimos oder der Buschmänner keine Überlegenheit an sich darstellen.

Wenn die Leute früherer Zeiten kindlich ahnungslos wirken, so ist das oft nur eine Folge der entstellenden Sicht, die einer mehr oder weniger allgemein gewordenen Verderbnis entspringt; sie als einfältig verurteilen heißt im Grunde, ein Gesetz rückwirkend auf sie anwenden, juristisch ausgedrückt. Und wenn dieser oder jener Verfasser alter Zeiten den Eindruck eines einfältigen Geistes macht, so kommt das zu einem guten Teil daher, daß er noch nicht mit tausend damals unbekannten Irrtümern zu rechnen hatte; auch mußte seine Redekunst noch nicht einem schottischen Eiertanz gleichen, da er weitgehend auf Differenzierungen verzichten konnte; die Wörter besaßen noch eine Frische und Fülle – oder einen Zauber –, die wir uns in diesem Klima zunehmender Wortentwertung, in dem wir leben, schwerlich vorstellen können.

Die Einfalt aus bloßem Mangel an Erfahrung ist notwendigerweise etwas sehr Bedingtes: Die Menschen – die menschlichen Gemeinschaften jedenfalls – können nicht umhin, im Hinblick auf Erfahrungen, die sie noch nicht gemacht haben, einfältig zu sein, zumal wenn sich diese Erfahrungen auf Möglichkeiten beziehen, die sich nicht voraussehen ließen. Jene aber, die diese Erfahrungen besitzen, haben es leicht, die Unerfahrenheit der anderen zu verurteilen und sich für überlegen zu halten. Maßgebend für den Wert des Menschen ist jedoch nicht die Anhäufung von Erfahrungen, sondern die Fähigkeit, Nutzen daraus zu ziehen. Wir mögen klüger sein als andere im Hinblick auf Erfahrungen, die wir selbst gemacht haben, und gleichzeitig einfältiger in bezug auf Erfahrungen, die uns noch erwarten oder die wir unfähig sind zu machen, während andere an unserer Stelle sie gemacht hätten. Denn eines ist es, ein Ereignis zu erleben, und etwas anderes, daraus Schlüsse zu ziehen. Mit dem Feuer zu spielen, weil man nicht weiß, daß es brennt, ist zweifellos Einfalt; aber sich ins Wasser zu stürzen, weil man sich einen Finger verbrannt hat, ist gewiß nicht besser, denn nicht zu wissen, daß das Feuer brennt, ist nicht einfältiger, als nicht zu wissen, daß man ihm auch anders entrinnen kann als durch Ertrinken. Der große und klassische Irrtum besteht darin, daß man einen Mißbrauch durch andere Mißbräuche zu heilen trachtet – die vielleicht dem Anschein nach geringer, dem Wesen nach aber schwerwiegender sind, weil sie die Grundsätze in Frage stellen – oder daß man die Krankheit beseitigt, indem man den Kranken tötet.

Eine Art von Einfalt, die wir unseren Vorfahren auf der Ebene der Naturwissenschaften zu Recht vorwerfen könnten, ist eine gewisse Vermischung der Bereiche: Mangels Erfahrung oder mangels Beobachtung neigten sie manchmal dazu, die Tragweite der kosmischen Analogien zu überschätzen, so daß es ihnen unterlief, unvorsichtigerweise Gesetze, die für eine Ordnung gelten, auch auf eine andere anzuwenden und zum Beispiel zu glauben, daß die Salamander das Feuer aushalten – und es sogar löschen können – aufgrund gewisser anderer Eigenschaften dieser Lurche und vor allem, weil man sie mit den «Feuergeistern» gleichen Namens verwechselte. Die Alten erlagen solchen Mißdeutungen um so eher, als sie noch aus Erfahrung den wandlungsfähigen Charakter des seelischen Stoffes kannten, der die körperliche Welt umhüllt und durchdringt. Mit anderen Worten ausgedrückt: Die Scheidewand zwischen dem körperlichen und dem seelischen Zustand war noch nicht so verhärtet wie in späteren Zeiten.

Darum ist auch der heutige Mensch in derselben Hinsicht, aber im umgekehrten Sinne einigermaßen zu entschuldigen, wenn er mangels der geringsten Erfahrung mit sinnlichen Manifestationen feinstofflich-seelischen Ursprungs die materialistische Auffassung der Natur akzeptiert. Allein, wie groß auch immer die Unerfahrenheit des modernen Menschen im Bereich der feinstofflichen oder seelenstofflichen Dinge sein mag, so gibt es doch immer Phänomene dieser Art, die ihm grundsätzlich nicht unzugänglich sind, die er aber von vornherein als «Aberglauben» abtut und den Okkultisten überläßt.

Die Annahme einer seelenstofflichen Daseinsdimension gehört übrigens zur Religion: Man kann die Zauberei nicht leugnen, ohne im Glauben zu irren; was die Wunder betrifft, so übersteigen sie zwar den seelenstofflichen Bereich ihrer Ursache nach, wirken aber durch ihn hindurch. In der Sprache der Theologen gibt der Ausdruck «Aberglaube» zu allerlei Verwechslungen Anlaß, weil er zwei ganz verschiedene Dinge bezeichnet, nämlich einerseits eine falsche Anwendung des kultischen Gefühls und andrerseits den Glauben an unwirkliche oder unwirksame Dinge: So nennt man «Aberglauben» den Spiritismus, der es wohl im Hinblick auf seine Deutung und Verehrung gewisser Phänomene, nicht aber im Hinblick auf deren Vorkommen ist, und Wissenschaften wie die Astrologie, die durchaus wirklich und wirksam sind und keinerlei Entartung im Sinne einer Scheinreligion enthalten. In Wirklichkeit darf man die Bezeichnung Aberglauben nicht auf Wissenschaften oder Tatsachen anwenden, die man nicht kennt und die man lächerlich macht, ohne auch nur ihre Anfangsgründe zu ahnen, sondern nur auf Bräuche, die entweder an sich eitel oder völlig mißverstanden sind und die zum Ersatz für wirklich geistige Haltungen oder wirksame Riten dienen. Abergläubig ist ebenfalls eine falsche oder übertriebene Deutung eines Sinnbilds oder irgendeines Zusammentreffens, oft in Verbindung mit eingebildeten Ängsten oder Skrupeln, und anderes mehr. Heutzutage bedeutet das Wort «Aberglaube» nichts mehr; wenn es Theologen gebrauchen – das sei nochmals gesagt –, so weiß man nie, ob sie eine tatsächliche Teufelei oder eine bloße Einbildung tadeln. Eine wirkliche Zauberei und eine Vorspiegelung von

Zauberei scheinen für sie dasselbe zu sein, und sie empfinden nicht den Widerspruch, der darin liegt, in ein und demselben Atemzug zu behaupten, daß die Zauberei eine große Sünde und daß sie nur ein Aberglaube sei.

Doch kommen wir auf die wissenschaftlichen Einfältigkeiten der Alten zurück: Nach dem heiligen Thomas von Aquin «erzeugt ein Irrtum über das Wesen der Schöpfung eine falsche Wissenschaft über Gott», und das bedeutet nicht etwa, daß die Erkenntnis Gottes eine restlose Erkenntnis der kosmischen Erscheinungen voraussetzen würde – eine Bedingung, die sich übrigens nie erfüllen ließe –, sondern daß unsere Erkenntnis entweder sinnbildlich wahr oder physisch richtig sein muß; im letzteren Fall muß sie für uns eine sinnbildliche Klarheit bewahren, ohne die alle Wissenschaft eitel und schädlich ist. Zum Beispiel: Die Flachheit der Erde und das Kreisen des Himmels sind Feststellungen, bei denen das menschliche Wissen mit Recht haltmachen darf, da ihre Sinnbildlichkeit eine wirkliche Seinsordnung in angemessener Weise widerspiegelt; die moderne Lehre von der Entwicklung der Arten aber ist als Wissenschaft sowohl falsch wie verderblich, da sie – abgesehen davon, daß sie dem Wesen der Dinge widerspricht – den Menschen seiner eigentlichen Bedeutung beraubt und im gleichen Zug die geistige Klarheit der Welt zerstört.

In der menschlichen Wissenschaft von den Phänomenen gibt es immer einen Teil Irrtum; wir können in diesem Bereich nur relative Erkenntnisse erwarten, die jedoch im großen und ganzen im Zusammenhang mit unserem geistigen Wissen genügen mögen. Die Alten kannten die sinnlichen Naturgesetze, ihre Astronomie fußte mehr oder weniger auf den scheinbaren Bewegungen der Gestirne und enthielt Irrtümer physischer Natur – nicht aber geistiger Natur, da der Anschein im Weltall gottgewollt ist und für uns eine Bedeutung hat –, doch war dieser Mangel bei weitem wettgemacht durch die Summe des überlieferten Wissens, das in der Tat die Engel, das Paradies, die Teufel, die Höllen, den Ursprung der Schöpfung – das heißt die Kristallwerdung der himmlischen Ideen im kosmischen Stoff –, dann das apokalyptische Ende der Welt und noch viele andere Gegebenheiten umfaßte. Diese Gegebenheiten aber sind – wie auch immer ihre mythische Einkleidung sein mag – für das menschliche Wesen von entscheidender Bedeutung. Eine diese Gegebenheiten ausschließende Wissenschaft dagegen, auch wenn sie in der physischen Beobachtung der sinnlichen Erscheinungen noch so erfolgreich ist, könnte sich nicht auf den vom heiligen Thomas geäußerten Grundsatz berufen, erstens weil das Wissen von den wesentlichen Dingen dem von den unwesentlichen Dingen vorausgeht, und zweitens weil ein Wissen, das tatsächlich und grundsätzlich die wesentlichen Dinge der Schöpfung ausschließt, unendlich mehr vom genauen und vollständigen Erfassen der Wirklichkeit entfernt ist als eine scheinbar «naive», aber ganzheitliche Wissenschaft.

Wenn es «einfältig» ist zu glauben – weil man es so sieht –, daß die Erde flach ist und der Himmel mit den Gestirnen sich um sie dreht, so ist es nicht minder «einfältig», die sinnliche Welt für die einzige oder vollständige Welt zu halten und zu glauben, daß die Materie – oder die Energie, wenn man das vorzieht – das Dasein an sich sei; diese Irrtümer sind sogar unendlich viel größer als die des geozentrischen Weltbilds. Ferner ist der Irrtum des Materialismus und des Evolutionismus, wie wir sagten, grenzenlos schädlich – die ursprüngliche und «natürliche» Kosmologie ist es überhaupt nicht –, und das beweist, daß es keinen Vergleich gibt zwischen der Mangelhaftigkeit der alten Kosmographie und der gänzlichen – und nicht nur teilweisen – Verkehrtheit dieser prometheischen und titanischen Wissenschaft.

Das aber ist bezeichnend für den geistigen Schaden, den die moderne Wissenschaft mit ihrer besonderen Denkart angerichtet hat: Wenn man einem überzeugten Fortschrittsgläubigen gegenüber die Bemerkung macht, daß der Mensch die Umwelt auf einem anderen Planeten seelisch nicht ver-

kraften würde – man spricht davon, im Falle einer Überbe-
völkerung der Erde Niederlassungen auf anderen Planeten
zu gründen –, so erwidert er ohne mit der Wimper zu zuk-
ken, daß man einen neuen Menschen mit den erforderlichen
Fähigkeiten schaffen werde. Diese Geist- und Gefühllosig-
keit gehören bereits zum Unmenschlichen und Ungeheuerlichen, denn damit, daß man das verneint, was im Menschen ganzheitlich und unverwechselbar ist, schmäht man
die göttliche Absicht, die uns zu dem gemacht hat, was wir
sind, und die unsere Natur durch das «fleischgewordene
Wort» geweiht hat. Tacitus hat sich über die Germanen lustig gemacht, die einen Sturzbach mit ihren Schildern auf-
zuhalten versuchten; dies ist jedoch nicht einfältiger, als an
die planetarische Auswanderung zu glauben oder zu meinen, daß man mit rein menschlichen Mitteln eine endgültig
befriedete und vollkommen harmlose menschliche Gesellschaft einrichten könnte, die dazu noch endlos fortschreiten
würde. All das beweist, daß der Mensch, wenn er auch notwendigerweise in gewissen Dingen weniger einfältig geworden ist, dennoch im Wesentlichen nichts gelernt hat, sehr
milde ausgedrückt. Das Einzige, dessen der sich selbst
überlassene Mensch fähig bleibt, ist, «die ältesten Sünden
auf die neueste Weise zu begehen», wie Shakespeare sagen
würde. Und da die Welt ist, was sie ist, kann man ohne
Scheu vor Gemeinplätzen hinzufügen, daß es besser ist, einfältig in den Himmel zu gelangen, als klug in die Hölle zu
fahren.

Wenn man versucht, die Sinnesart der Ahnen zu ermitteln,
begeht man fast immer den schweren Fehler, die inneren
Auswirkungen ihrer äußeren Handlungsweisen außer acht
zu lassen. Wichtig aber ist nicht eine oberflächliche Vervollkommnung, sondern die Wirksamkeit unserer Haltungen im
Hinblick auf das Unsichtbare und das Unbedingte. Gewisse
Denk- und Handlungsweisen, die uns gegebenenfalls durch
ihre äußere Einfalt irritieren – sie kommen besonders im

Leben von Heiligen vor –, bergen oft eine um so größere Wirksamkeit nach der Tiefe hin; der Mensch später Zeiten mag noch soviel an Erfahrung und Geschicklichkeit gewonnen haben, er ist sicher weniger «echt» und weniger «wirklich» oder weniger empfänglich für den Einfluß des Übernatürlichen als seine fernen Väter. Er hat gut lachen – er, der «erwachsene Zivilisierte» – über irgendeinen scheinbar einfältigen Gedanken oder über eine von vornherein kindliche oder «prälogische» Haltung; die innere Wirklichkeit dieser Vorstellungswelt entgeht ihm. Die Historiker und Psychologen sind weit davon entfernt, auch nur zu ahnen, daß die Form der menschlichen Verhaltensweisen stets etwas Relatives ist und daß ein Mehr oder Weniger auf dieser Ebene nicht entscheidend ist, denn wichtig ist allein das innere Spiel unserer Berührungen mit den höheren Zuständen oder den Vorboten des Himmels. Man schätzt den geistigen Abstand zwischen einem jetzt lebenden «Primitiven» und einem «Zivilisierten» auf einige Jahrtausende; die Erfahrung aber lehrt, daß dieser Abstand da, wo er besteht, nur ein paar Tage mißt, denn der Mensch ist überall und immer Mensch.

Nicht nur die Einfalt und der Aberglaube verschieben sich, sondern auch die Klugheit, und das eine nicht ohne das andere. Man kann sich darüber Rechenschaft geben, wenn man philosophische Schriften oder Kunstkritiken liest, wo eine eigensinnige Rechthaberei auf den Stelzen einer anmaßenden Scheinpsychologie einhergeht; es ist, als ob man die Spitzfindigkeit eines Scholastikers und die Feinfühligkeit eines Minnesängers borgen wollte, um zu sagen, daß das Wetter warm oder kalt sei. Der Anschein eines Aufstiegs ist hier in Wirklichkeit ein Abstieg, das Nichtwissen und der Ungeist gedeihen innerhalb einer ganz oberflächlichen Verfeinerung vorzüglich, und daraus ergibt sich ein Klima, in dem die Weisheit als Einfalt, Roheit oder Träumerei erscheint.

Heutzutage will jedermann klug erscheinen; man möchte lieber als Verbrecher denn als Einfaltspinsel gelten, wenn das ohne Gefahr möglich wäre. Doch da man die Klugheit nicht gut aus dem Nichts hervorzaubern kann, bedient man sich der List: Eine der geläufigsten ist die Sucht der «Entmythisierung» angeblicher «Legenden», die es einem erlaubt, auf billige Weise scharfsinnig zu erscheinen, denn es genügt zu sagen, daß die normale Reaktion auf irgendein Phänomen einem «Vorurteil» entspringe und daß es höchste Zeit sei, dasselbe frei von jeder «Legende» darzustellen; wenn man behaupten könnte, daß der Ozean ein Tümpel und der Himalaya ein Hügel sei, so täte man es. Gewissen Autoren ist es unmöglich, bloß wie jedermann festzustellen, daß dieses Ding oder jener Mensch die und die Eigenschaften und Schicksale hat. Sie müssen immer mit der Bemerkung beginnen, daß «man allzuoft behauptet hat, daß...»; die Wirklichkeit sei völlig anders, man habe sie nun endlich entdeckt, während bis dahin die ganze Welt einer «Lüge» aufgesessen sei.

Wie dem auch sei, es gibt überall Einfältigkeit und hat sie immer gegeben, und es ist dem Menschen nicht möglich, sich ihrer ganz zu entledigen, es sei denn jenseits des Menschlichen; in dieser Wahrheit aber liegt die Lösung des Problems. Denn entscheidend ist nicht zu wissen, ob die Redekunst oder das Verhalten eines Plato einfältig sei oder nicht, oder ob sie es in diesem oder jenem Grade seien – dabei würden wir gern wissen, wo der absolute Maßstab für all das liegt –, sondern allein die Tatsache, daß der Weise oder der Heilige innerlich einen Zugang zur unmittelbaren Wahrheit besitzt; die einfachste Äußerung – die «einfältigste» nach Ansicht gewisser Leute – kann die Schwelle zur umfassendsten und tiefsten Erkenntnis sein.[107]

Wenn die Bibel einfältig ist, so ist es eine Ehre, einfältig zu sein; wenn die den Geist leugnenden Scheinphilosophien klug sind, so gibt es keine Intelligenz. Dem demütigen Glauben an ein Paradies, das sich über den Wolken befindet, liegt wenigstens ein Gehalt an unveräußerlicher Wahrheit zugrunde; vor allem aber – und das hat keinen Preis – steht dahinter eine barmherzige Wirklichkeit, die niemals enttäuscht.

DER MENSCH IM ALL

Die moderne Wissenschaft, die in ihrer Denkweise rationalistisch und ihrem Gegenstand nach materialistisch ist, kann unsere Lage im physikalischen Weltall annähernd bestimmen, doch kann sie nichts aussagen über unsere Lage im eigentlichen All. Die Astronomen wissen ungefähr, wo wir uns im Raum befinden, an welchem relativen «Ort», in welchem Seitenarm der Milchstraße, und sie wissen vielleicht sogar, wo diese im Verhältnis zu den anderen Staubwolken von Sternen liegt. Doch sie wissen nicht, wo wir uns im «Daseinsraum» befinden, nämlich, daß wir in einem Zustand der Verhärtung und in dessen Mitte oder an dessen Spitze und zugleich am Rande einer ungeheuren «Kreisbewegung» sind, die nichts anderes ist als der Fluß der Formen, das «samsarische» Verströmen der Erscheinungen, das παντα ϱει Heraklits. Die weltliche Wissenschaft, die das Geheimnis der äußeren Wirklichkeiten – des Raums, der Zeit, der Materie, der Kraft – zu ergründen trachtet, vergißt dabei deren Inhalte: Sie möchte die grundlegenden Eigenschaften unseres Leibes und das innerste Wirken unserer Seele erklären, weiß aber nicht, was Intelligenz und Dasein sind, und darum kann sie auch unmöglich wissen, was der Mensch ist.

Wenn wir uns umschauen, was sehen wir da? Erstens Dasein; zweitens Unterschiede; drittens Bewegungen, Veränderungen, Verwandlungen; viertens das Verschwinden von daseienden Dingen. All das verrät einen gewissen Zustand des allumfassenden Urstoffs: Er ist zugleich eine Gerinnung und eine Kreisbewegung, eine Schwere und eine Zerstreuung, eine Verfestigung und eine Zerteilung. Wie das Wasser im Eis und wie die Bewegung der Nabe im Reifen des Rades enthalten sind, so ist Gott in den Erscheinungen; er ist in ihnen und von ihnen aus zugänglich; das ist das ganze Geheimnis der Sinnbildlichkeit und der innerweltlichen Gegenwart Gottes. Gott ist «Der Äußere» und «Der Innere», «Der Erste» und «Der Letzte».[108]

Gott ist die blendendste aller Selbstverständlichkeiten. Jegliches Ding hat eine Mitte, folglich hat auch die Gesamtheit der Dinge – die Welt – eine Mitte. Wir sind am äußersten Rande von «etwas Unbedingtem» und dieses «Etwas» kann nicht weniger mächtig, weniger bewußt, weniger erkenntnisfähig sein als wir. Die Menschen glauben «festen Boden» unter den Füßen zu haben und wirkliche Macht zu besitzen; sie wähnen sich auf der Erde ganz «zu Hause» und messen sich viel Wichtigkeit bei, während sie nicht einmal wissen, woher sie kommen und wohin sie gehen, und dabei wie an einer unsichtbaren Schnur durchs Leben gezogen werden.

Alle Dinge sind begrenzt. Wer aber Begrenzung sagt, der sagt Wirkung, und wer Wirkung sagt, der sagt Ursache; also beweisen alle Dinge durch ihre Begrenzung wie auch durch ihre Inhalte Gott, die erste und damit unbegrenzte Ursache.

Oder auch: Was beweist mittelbar das Unbedingte? Erstens das Bedingte, da es keinen Sinn hat außer durch die von ihm begrenzte Unbedingtheit, und zweitens das «relativ Unbedingte», das heißt die Spiegelung des Unbedingten im Bedingten. Die Frage nach den unmittelbaren Beweisen des Unbedingten hat man nicht zu stellen, denn die Unmittelbarkeit des Beweises liegt im reinen Geiste und folglich in unserem ganzen Wesen, so daß die mittelbaren Beweise nurmehr die Rolle von Stützpunkten oder Anlässen spielen; im Geiste verschmelzen das Erkennende und das Erkannte miteinander oder sie durchdringen sich gegenseitig auf bestimmte Weise. Die Gewißheit gibt es tatsächlich, denn sonst gäbe es kein Wort dafür; es besteht deshalb kein Grund, sie auf der Ebene der reinen Erkenntnis und der universalen Wirklichkeit zu leugnen.[109]

Das Ich ist gleichzeitig eine Welt von Bildern und ein Kreislauf; es ist etwas wie ein Museum und wie ein einziger und unumkehrbarer Spaziergang durch dieses Museum. Das Ich ist ein gleitendes Gewebe aus Bildern und Neigungen; diese stammen aus unserem eigenen «Grunde» und jene werden uns von der Umwelt geliefert. Wir versetzen uns in die Dinge und versetzen die Dinge in uns selber, während unser wahres Wesen davon unabhängig ist.

Neben dieser Welt von Bildern und Neigungen, die unser Ich ausmacht, gibt es Myriaden anderer Welten von Bildern und Neigungen. Manche davon sind schlechter oder weniger schön als die unsere, und manche sind besser und schöner.

Wir sind wie unablässig erneuerter Schaum auf dem Ozean des Daseins. Weil aber Gott sich in diesen Schaum versetzt hat, ist dieser dazu bestimmt, ein Meer von Sternen zu werden, wenn am Ende die Seelen zu Kristallen gerinnen werden. Die winzige Welt von Bildern muß sich jenseits ihrer irdischen Zufälligkeiten in einen Stern verwandeln, unsterblich geworden im Strahlenkreis der Gottheit. Dieser Stern ist auf verschiedenen Stufen denkbar; die göttlichen Namen sind die Urbilder davon; jenseits der Sterne erstrahlt die Sonne des Selbsts in ihrer blitzartigen Transzendenz und ihrem unendlichen Frieden.

Der Mensch wählt nicht; er folgt seiner Natur und seiner Berufung, und Gott ist es, der wählt.

Ein Mensch, der in ein Schlammloch gefallen ist und weiß, daß er auf die und die Weise und mit einiger Anstrengung wieder herauskommen kann, denkt nicht daran, sich gegen die Naturgesetze aufzulehnen oder sein Dasein zu verfluchen; er findet es selbstverständlich, daß es Schlamm gibt und man hineinstolpern kann, und trachtet nur danach, aus dem Pfuhl herauszugelangen. Nun stecken wir aber im Pfuhl des irdischen Daseins und wissen, daß wir ihm entrinnen können, was auch immer unsere Prüfungen sein mögen: Die Offenbarung versichert es uns, und der Geist kann sich nachträglich davon Rechenschaft geben. Es ist deshalb unsinnig, Gott zu leugnen und die Welt zu schmähen, bloß weil das Dasein Risse aufweist, die es aufweisen muß, sonst könnte es nicht dasein und nicht «daseiend machen».

Wir befinden uns wie in einer Schicht von Eis, die weder unsere fünf Sinne noch unser Verstand zu durchdringen vermögen, die aber der reine Intellekt – Spiegel des Übersinnlichen und zugleich übersinnlicher Strahl von Licht – mühelos durchdringt, sobald die Offenbarung es ihm erlaubt, sich seiner eigenen Natur bewußt zu werden. Auch der Glaube durchdringt diese kosmische Schale, auf eine weniger unmittelbare und mehr gefühlsmäßige Weise, gewiß, in manchen Fällen aber nicht ohne geistige Schau. Die göttliche Barmherzigkeit, die in der Allwirklichkeit enthalten ist und deren tiefinnerste Güte[110] beweist, will übrigens, daß die Offenbarung ebendort einspringe, wo diese Schicht von Eis oder diese Schale ist, so daß wir nie ganz und gar eingeschlossen sind, es sei denn durch unsere Weigerung, die göttliche Barmherzigkeit anzunehmen.

Indem wir das Eis, das uns einschließt, für die Wirklichkeit halten, leugnen wir das, was sie ausschließt, und empfinden keinerlei Sehnsucht nach Befreiung; wir wollen das Eis dazu zwingen, unser Glück zu sein. Im Bereich der körperlichen Gesetze denkt niemand daran, die Barmherzigkeit auszuschlagen, die mittelbar im Wesen der Dinge wohnt: Kein Mensch, der am Ertrinken ist, weigert sich, die Stange zu ergreifen, die ihm dargeboten wird; aber allzuviele Menschen weisen die Barmherzigkeit in der Gesamtordnung der Dinge ab, weil sie den engen Rahmen ihrer alltäglichen Erfahrung und die nicht weniger engen Schranken ihres Verständnisses übersteigt. Der Mensch will sich im allgemeinen nur unter der Bedingung retten, daß er sich nicht selbst übersteigen muß.

Die Tatsache, daß wir in unseren fünf Sinnen gefangen sind, birgt übrigens auch einen Aspekt von Barmherzigkeit in sich, so seltsam das klingen mag nach dem, was soeben gesagt wurde. Wenn unsere Sinne zahlreicher wären – und es gibt da theoretisch keine grundsätzliche Begrenzung –, so bräche die äußere Wirklichkeit wie ein Wirbelsturm in uns ein; sie würde uns in Stücke reißen und gleichzeitig erdrücken. Unser »Lebensraum« wäre durchsichtig, wir wären wie über einem Abgrund aufgehängt oder wie durch einen unermeßlichen Makrokosmos geschleudert, dessen Eingeweide, wenn man so sagen kann, offen zutage lägen, und wären von Schrecken erfüllt. Anstatt in einer mütterlichen, barmherzig dichten und undurchsichtigen Zelle des Weltalls zu leben – denn eine Welt ist eine Gebärmutter, und der Tod ist eine grausame Geburt –, befänden wir uns ohne Schutz vor einer Gesamtheit von Räumen und Abgründen – und angesichts von Myriaden von Geschöpfen und Erscheinungen –, deren Wahrnehmung kein Einzelwesen zu ertragen vermöchte. Der Mensch ist für das Unbedingte oder Unendliche geschaffen, nicht aber für das endlose Zufällige.

Der Mensch, sagten wir, ist wie unter einer Schicht Eis begraben. Er ist es auf verschiedene Weise, einmal unter diesem kosmischen Eis, das die Materie in ihrer gegenwärtigen, dem irdischen Paradies entfremdeten Beschaffenheit darstellt, und zum andern unter dem Eis geistiger Blindheit.

Die Güte ist im Urstoff des Weltalls selbst vorhanden, und deshalb tritt sie sogar in unserer «verfluchten» Materie noch zutage; die Früchte der Erde und der Regen des Himmels, die uns das Leben ermöglichen, sind nichts anderes als Manifestationen der Güte, die alles durchdringt, die Welt erwärmt, und die wir in uns selbst tragen, im Grunde unserer erkalteten Herzen.

Die Symbolik des Springbrunnens erinnert uns daran, daß alles eine endliche Äußerung ist, hinausgeworfen in eine Leere, die an sich nichts, aber dennoch in den Erscheinungen wahrnehmbar ist. Das Wasser ist in diesem Bilde jener «Stoff, aus dem Träume gemacht sind» (Shakespeare), und der die Welten und die Wesen hervorbringt. Die Entfernung der Wassertropfen von ihrer Quelle drückt sich, in makrokosmische Verhältnisse übertragen, als ein Gesetz der Gerinnung und der Verhärtung, auf einer gewissen Ebene auch als das Gesetz der ichhaften Vereinzelung, der *individuatio* aus. Die Schwere, welche die Tropfen zurückfallen läßt, entspricht dann der übernatürlichen Anziehung der göttlichen Mitte. Dieses Bild des Springbrunnens wird jedoch nicht der Abstufung der Wirklichkeit und vor allem nicht der absoluten Transzendenz der göttlichen Mitte oder des Urgrunds gerecht: Es drückt die Einheit des «Urstoffs» oder die «Nicht-Unwirklichkeit»[111] aus, nicht aber die daseinshafte Trennung, die das Bedingte vom Unbedingten scheidet. Das erstgenannte Verhältnis ist das des Urgrunds zur Manifestation und das zweitgenannte das der Manifestation zum Urgrund; das heißt, daß vom «Standpunkt» des Urgrunds Einheit besteht, Verschiedenheit und Getrenntheit aber vom Standpunkte der einzelnen Wesen insofern, als sie nur solche sind.

In einem gewissen Sinne sind die Welten gleich lebendigen Körpern und die Einzelwesen wie das Blut oder wie die Luft, die diese Körper durchdringt; das Enthaltende sowohl als auch die Inhalte sind ein «scheinbares» Hervorgehen aus dem Urgrunde – scheinbar deshalb, weil in Wirklichkeit nichts aus dem Urgrund heraustreten kann –, die Inhalte aber sind bewegt, und das Enthaltende ist ruhend; dieser Unterschied erscheint im Sinnbild des Springbrunnens nicht, aber er wird sichtbar in dem der Atmung oder des Blutkreislaufs.

Der Weise betrachtet die Dinge im Hinblick auf ihre notwendigerweise unvollkommene und vergängliche Veräußerlichung, zugleich aber auch im Hinblick auf ihre vollkommenen und ewigen Gehalte. In einem sittlichen, also rein menschlichen und willenshaften Zusammenhang stimmt die Veräußerlichung mittelbar mit dem Begriff der «Sünde»[112] überein, und das ist ein Aspekt der Dinge, den der Mensch als handelndes und leidenschaftliches Geschöpf nie aus den Augen verlieren darf.

Man hat viel darüber gerätselt, wie der Weise – der «Gnostiker»[113] oder der *Jñani* – die Welt der Erscheinungen «sehe», und die Okkultisten jeglicher Art haben es sich nicht nehmen lassen, die unglaubwürdigsten Theorien über die «Hellsichtigkeit» und das «dritte Auge» aufzustellen. In Wirklichkeit liegt der Unterschied zwischen der gewöhnlichen Sicht und jener, die dem Weisen oder dem Gnostiker eigen ist, ganz offenbar nicht auf der sinnlichen Ebene. Der Weise sieht die Dinge in ihrem vollständigen Zusammenhang, also zugleich in ihrer Bedingtheit und in ihrer metaphysischen Transparenz. Er nimmt sie nicht so wahr, als wären sie körperlich durchsichtig oder mit mystischen Klängen oder einer sichtbaren «Aura» begabt, wenn man auch manchmal seine Schau anhand von solchen Bildern beschreiben mag. Sehen wir vor uns eine Landschaft und wissen, daß es sich um eine Luftspiegelung handelt – selbst wenn das Auge das nicht wahrnehmen kann –, so betrachten wir sie anders, als wenn sie eine wirkliche Landschaft wäre. Ein Stern macht auf uns einen anderen Eindruck als ein Leuchtkäfer, auch wenn die optischen Umstände so sind, daß die Empfindung für das Auge dieselbe sein muß. Die Sonne würde uns mit Schrecken erfüllen, wenn sie nicht mehr unterginge.[114] Dementsprechend unterscheidet sich die geistige Schau der Dinge durch die tatsächliche Wahrnehmung der universalen Zusammenhänge und nicht durch irgendeine besondere sinnliche Eigenschaft. Das «dritte Auge» ist nichts anderes als die Fähigkeit, die Erscheinungen *sub specie aeternitatis* und folglich in einer Art von Gleichzeitigkeit zu sehen; notwendigerweise kommen dazu oft Einfühlungen in praktisch nicht wahrnehmbare Daseinsweisen.

Der Weise sieht die Ursachen in den Wirkungen und die Wirkungen in den Ursachen; er sieht Gott in allem und alles in Gott. Eine Wissenschaft, die auf der physischen Ebene die Tiefen des «unendlich Großen» und des «unendlich Kleinen» ergründet, aber die anderen Ebenen, die doch den zureichenden Grund der sinnlichen Natur und den Schlüssel zu ihr darbieten, leugnet, ist ein ärgeres Übel als das bloße Nichtwissen; sie ist im ganzen genommen eine «Gegen-Wissenschaft», deren letztendliche Wirkungen nur tödlich sein können. Mit anderen Worten ausgedrückt: Die moderne Wissenschaft ist ein Rationalismus, der Anspruch auf alleinige Geltung erhebt und sowohl die Offenbarung als auch den Intellekt ausschließt, und zugleich ein ebenso ausschließlicher Materialismus, der die metaphysische Relativität – und damit Unbeständigkeit – der Materie und der Welt nicht kennt. Diese Wissenschaft weiß nicht, daß das Übersinnliche – das jenseits von Raum und Zeit liegt – der tatsächliche Ursprung der Welt ist und daß es darum auch am Anfang dieser akzidentiellen und veränderlichen Verdichtung steht, die wir «Materie»[115] nennen. Die als «genau»[116] bezeichnete Wissenschaft ist in der Tat eine «Klugheit ohne Weisheit», so wie umgekehrt die nachscholastische Philosophie eine «Weisheit ohne Klugheit» ist.

Das Gesetz der ichhaften Vereinzelung – das *principium individuationis* – ist der Grund dafür, daß die geistige Schau nach «unten» hin immer enger wird. Zuerst und jenseits des Bereichs, in dem dieses Gesetz gilt, gibt es die innere Schau Gottes, das heißt: Gott allein sehen. Die nächste Stufe in absteigender Ordnung ist alles in Ihm sehen; und die folgende, Gott in allen Dingen sehen. In einem gewissen Sinne sind die beiden Sehweisen gleichwertig oder beinahe gleichwertig. Dann kommt die ganz mittelbare «Schau» des gewöhnlichen Menschen: die Dinge «und» Gott. Und schließlich die geistige Blindheit, die nur die Dinge sieht und Gott ausschließt, was darauf hinausläuft, den Urgrund auf die Manifestation oder die Ursache auf die Wirkung zu beschränken. In Wirklichkeit aber sieht nur Gott sich selber; Gott sehen, bedeutet, durch Ihn sehen.

Man muß das Enthaltende kennen und sich nicht in den Inhalten zerstreuen. Das Enthaltende, das ist zunächst das dauernde Wunder des Daseins, dann das des Bewußtseins oder der Intelligenz und dann das der Freude, die gleich einer ausweitenden und schöpferischen Macht die «Räume» des Daseins und des Erkennens erfüllt. Alles, was nicht der Unsterblichkeit fähig ist, wird verbrannt werden; die Zufälle vergehen, nur die Wirklichkeit bleibt bestehen.

Es gibt in jedem Menschen einen unzerstörbaren Stern, eine Wesenheit, die dazu bestimmt ist, in der Unsterblichkeit zum Kristall zu werden, und die von Ewigkeit her in der leuchtenden Nähe des Selbsts vorgebildet ist. Diesen Stern aber erlöst der Mensch nur in der Wahrheit, im Gebet und in der Tugend.

VOM SINN DES MÖNCHTUMS

Einen gemeinsamen Nenner zu finden für so vielfältige Erscheinungen, wie sie das Mönchtum im Abend- und im Morgenland aufweist, scheint auf den ersten Blick nicht leicht zu sein, denn um etwas umreißen zu können, muß man zuerst einen Standpunkt finden, der das erlaubt. Nun, dieser Standpunkt ergibt sich, wie uns scheint, ohne Mühe aus dem Wesen der Dinge, da es unmöglich ist, der menschlichen Natur gerecht zu werden, ohne sie auf ihre göttliche Bestimmung hin zu betrachten, oder ein menschliches Phänomen richtig einzuschätzen, ohne es im bejahenden oder im verneinenden Sinne auf Gott zu beziehen; denn ohne Gott kein Mensch. Wir können deshalb sagen, daß die Bemühung, die Vielseitigkeit des Lebens auf eine einfache, aber wesentliche und befreiende Formel zurückzuführen, sich aus dem menschlichen Zustand in seinem vollsten und tiefsten Sinn ergibt, und daß diese Bemühung in den verschiedensten geistigen Welten jene Art von standesmäßiger Heiligkeit hervorgebracht hat, die das Mönchtum ist.[117]

Der Mensch ist allein erschaffen worden und stirbt allein; das Mönchtum will diese Einsamkeit in ihrer metaphysisch unersetzbaren Qualität bewahren; es will dem Menschen seine ursprüngliche Einsamkeit vor Gott wiedergeben oder, anders ausgedrückt, es will den Menschen zu seiner geistigen Unversehrtheit und zu seiner Ganzheit zurückführen. Eine vollkommene Gesellschaft wäre eine Gesellschaft von Einsiedlern; genau das aber trachtet die

Mönchsgemeinschaft zu verwirklichen, die gewissermaßen ein gemeinschaftlich geregeltes Einsiedlertum darstellt.

Die folgenden Betrachtungen werden vielleicht manchen Lesern als Gemeinplätze vorkommen, doch beziehen sie sich auf so zäh verwurzelte Denkgewohnheiten, daß man ihre Bedeutung schwerlich unterschätzen kann, wenn man den Dingen auf den Grund geht. Was wir sagen wollen, ist folgendes: Nach einer allgemein verbreiteten Meinung ist das Mönchtum eine Sache der «Berufung», jedoch nicht im eigentlichen Sinn des Wortes; wenn ein Mensch einfältig genug ist, die Religion buchstäblich zu nehmen, und die Unvorsichtigkeit begeht, gewisse allzu geistige Meinungen und Haltungen durchblicken zu lassen, verfehlt man nicht, ihm klarzumachen, daß sein Platz «im Kloster» sei, als ob er ein Fremdkörper wäre, der außerhalb der Mauern einer angemessenen Anstalt kein Recht aufs Dasein hätte. Der an sich positive Begriff der «Berufung» wird damit negativ: Nicht der ist «berufen», der in der Wahrheit ist und weil er in ihr ist, sondern der, welcher die Gesellschaft stört, indem er sie unwillkürlich spüren läßt, was sie ist. Nach dieser mehr oder weniger üblichen Auffassung besteht die Abwesenheit von Berufung – oder sagen wir: die Weltlichkeit – *de jure* und nicht nur *de facto*, was bedeutet, daß die Vollkommenheit als eine freiwillige Besonderheit und damit als ein Luxus erscheint; man behält sie den Mönchen vor, ohne sich zu fragen, warum sie denn nicht für jedermann da sei.

Gewiß, der Mönch wird keinen Menschen bloß deshalb, weil er in der Welt lebt, tadeln: Das versteht sich von selbst in Anbetracht der weltlichen Geistlichkeit und der Laienheiligen; tadelnswert ist nicht die Tatsache, daß man »in der Welt« lebt, sondern daß man schlecht darin lebt und sie damit gewissermaßen schafft. Wenn man dem Einsiedler oder dem Mönch vorwirft, daß er die Welt «fliehe», begeht man einen doppelten Irrtum: Erstens läßt man außer acht, daß die beschauliche Absonderung einen Wert in sich selber hat, der vom Vorhandensein einer «Um-Welt» unabhängig ist, und zweitens gibt man vor zu vergessen, daß es Fluchten gibt, die durchaus ehrenwert sind. Wenn es weder ein Unsinn noch eine Schande ist, vor einer Lawine zu fliehen, so man kann, dann gilt das nicht weniger für die Flucht vor den Versuchungen oder bloß vor den Zerstreuungen der Welt, oder auch vor unserem eigenen Ich, insofern es in diesem Hexenkreis gefangen ist. Und vergessen wir nicht: Dadurch, daß wir uns der Welt entziehen, befreien wir dieselbe von unserem eigenen Elend. Heutzutage verkündet man gern, die Welt fliehen, bedeute, seine «Verantwortungen» im Stich lassen; eine durchaus scheinheilige Beschönigung der eigenen geistigen Trägheit und der Verachtung des Absoluten, die man hinter einer «altruistischen» und «sozialen» Fassade zu verbergen sucht. Man will nicht wahrhaben, daß das Geschenk seiner selbst an Gott immer auch ein Schenken seiner selbst an alle ist. Es ist metaphysisch unmöglich, sich Gott hinzugeben, ohne daß daraus etwas Gutes für die Umwelt flösse; sich Gott schenken, und geschähe es auch, ohne daß jemand davon wüßte, ist immer ein Sich-den-Menschen-Schenken, denn diese Gabe seiner selbst hat stets den Wert eines Opfers, dessen Ausstrahlungen unberechenbar sind.

Andrerseits ist es mit dem Streben nach dem Seelenheil wie mit dem Atmen, Essen und Schlafen: Man kann es nicht für die anderen tun, noch ihnen dadurch helfen, daß man sich selbst dessen enthält. Selbstsucht besteht darin, daß man den anderen wegnimmt, wessen sie bedürfen, nicht darin, daß man für sich nimmt, was sie nicht kennen oder was sie gar nicht haben wollen.

Das Mönchtum ist es nicht, das sich außerhalb der Welt befindet, sondern die Welt ist es, die sich außerhalb des Mönchtums befindet: Wenn jedermann in der Liebe Gottes leben würde, wäre das Kloster überall, und in diesem Sinne kann man sagen, daß jeder Heilige zugleich Mönch oder Einsiedler ist. Oder auch: Ebenso, wie es möglich ist, die «Welt» in den Rahmen des Mönchtums einzuführen, denn nicht jeder Mönch ist heilig, so ist es möglich, das Mönchtum oder die ihm entsprechende geistige Einstellung in die Welt einzuführen, denn es kann überall Meditierende geben.

Wenn wir das Mönchtum als eine «Absonderung für Gott» definieren und ihm zugleich einen allgemeinen und für alle Religionen gültigen Charakter zuschreiben – denn die Sehnsucht nach dem Übernatürlichen liegt im Wesen eines jeden normalen Menschen –, wie können wir dann diese Definition auf die islamischen Mystiker anwenden, die sich nicht von der Gesellschaft absondern, oder auf die Buddhisten, die es zwar tun, aber nicht den Begriff «Gott» zu haben scheinen? Mit anderen Worten – um zunächst vom Islam zu sprechen –, wie kann es innerhalb einer Religion, die das Mönchtum verwirft, Geistigkeit geben, oder auch, warum wird das Mönchtum von einer Religion, die doch eine Mystik, asketische Übungen und Heiligenverehrung aufweist, verworfen?

Darauf ist zu antworten, daß einer der zureichenden Gründe des Islams gerade die Möglichkeit einer «klösterlichen Gesellschaft» ist, wenn man sich so ausdrücken kann; das bedeutet, daß der Islam bestrebt ist, das beschauliche Leben in den Rahmen der gesamten Gesellschaft zu übertragen. Es gelingt ihm, innerhalb dieses Rahmens die Bedingungen für gewisse Rangordnungen und Verhaltensweisen zu schaffen, die das beschauliche Leben mitten in den Tätigkeiten der Welt ermöglichen. Dem ist hinzuzufügen, daß für den Muslim das Kloster vor allem in der durch Einweihung gestifteten Bindung an eine Bruderschaft und der Unterwerfung – *perinde ac cadaver* – unter den geistigen Meister besteht sowie in der Übung freiwilliger Gebete samt Wachen und Fasten. Das trennende Element im Verhältnis zu den Weltlichen ist die Strenge in der Befolgung der *sunnah*; diese Strenge – der sich die übrige Gesellschaft in einem islamischen Land nicht entgegenstellen kann – spielt praktisch dieselbe Rolle wie die Mauern eines Klosters. Es ist wahr, daß die Derwische sich zu ihren gemeinsamen geistigen Übungen in der *zawiya* oder *tekkiye* versammeln und daß sie dort in Einzelzellen geistliche Übungen verrichten, die mehrere Monate dauern können; manche von ihnen wohnen sogar dort und widmen ihr ganzes Leben dem Gebet und dem Dienst des Meisters. Doch ergibt sich daraus noch kein Mönchtum im eigentlichen Sinn des Wortes, gleich dem der Christen und der Buddhisten.

Wie dem auch sei, der berühmte Ausspruch: «Kein Mönchtum im Islam» *(lâ rahbâniyata fil-islâm)* bedeutet im Grunde genommen nicht, daß die Meditierenden sich nicht von der Welt zurückziehen sollen, sondern im Gegenteil, daß die Welt nicht von den Meditierenden getrennt sein soll; das geistige Vorbild des Mönchtums oder des Einsiedlertums, nämlich die Askese und die Mystik, ist keineswegs in Frage gestellt. Es sei auch nicht vergessen, daß im Islam der «heilige Krieg» zu derselben mystischen Bewertung wie im christlichen Rittertum, namentlich dem der Templer, Anlaß gibt. Es bietet sich da ein geistiger Weg des Opfers und des Märtyrertums dar, der zur Zeit der Kreuzzüge Christen und Muslime in derselben opferbereiten Liebe zu Gott vereinigt hat.

Im Falle des Buddhismus liegt die Schwierigkeit darin, daß diese Religion, obwohl sie wesentlich mönchisch ist – und sie ist es in einem unübertrefflichen Maße –, Gott nicht zu kennen scheint. Nun liegt es aber auf der Hand, daß eine «gottverneinende Geistigkeit» ein Widerspruch in sich selber ist, und in der Tat besitzt der Buddhismus durchaus den Begriff eines transzendenten Absoluten so wie er auch den Begriff einer Berührung zwischen diesem Absoluten und dem Menschen hat. Wenn der Buddhismus auch nicht die Idee eines «Gottes» im semitischen oder arischen Sinne des Wortes kennt, ist er sich dennoch auf seine Weise der göttlichen Wirklichkeit bewußt, denn die entscheidenden Begriffe der Unbedingtheit, der Transzendenz, der Vollkommenheit und – auf seiten des Menschen – des Opfers und der Heiligkeit fehlen ihm keineswegs; er ist zweifellos «nicht theistisch», aber sicher nicht «atheistisch».

Der Aspekt eines «persönlichen Gottes» tritt namentlich im mahâyânischen Kultus des Buddha Amitâbha – dem japanischen Amidismus – zutage, wo er sich mit einer Lehre von der erlösenden Allbarmherzigkeit verbindet. Man hat in diesem Zusammenhang von christlichen Einflüssen gesprochen, was nicht nur falsch, sondern sogar in mehr als einer Hinsicht unvorstellbar ist; man vergißt, daß das tiefe Wesen der Dinge überall, wo sich ein geeigneter Rahmen darbietet, wenigstens der Form nach ähnliche Erscheinungen hervorrufen kann. Dieses Vorurteil der fremden «Einflüsse» oder «Entlehnungen» läßt uns an jenen Gelehrten der Völkerkunde denken, der bei den Indianern den Mythos von der Sintflut vorfand und daraus ahnungslos schloß, daß da schon Missionare vorbeigekommen sein müßten, wo doch dieser Mythos – oder vielmehr diese Erinnerung – bei fast allen Völkern der Erde zu finden ist.

Letztere Bemerkungen geben uns Anlaß, ein paar Worte über die sehr geläufige Verwechslung zwischen «Vermischung» und einer «Entleihung» geistiger Formen, zwischen Synkretismus und Eklektizismus hinzuzufügen, auf die Gefahr hin, uns ein wenig von unserem eigentlichen Thema zu entfernen. Der Synkretismus ist nie etwas Ernstzunehmendes, er ist ein Zusammenflicken unvereinbarer Elemente zu einer falschen Einheit, das heißt ohne wahren Zusammenschluß. Der Eklektizismus dagegen ist etwas Natürliches überall da, wo verschiedene Lehren sich begegnen, wie es die Einbeziehung des platonischen und des aristotelischen Denkens in die christliche Weltanschauung beweist. Entscheidend ist in einem solchen Fall, daß die ursprüngliche geistige Sicht sich selber treu bleibt und die fremden Gedanken nur in dem Maße aufnimmt, als sie diese Treue unterstützen, indem sie die grundlegenden Absichten eben jener ursprünglichen Sicht zu erläutern helfen. Die Christen hatten keinen Grund, sich nicht von der griechischen Weisheit anregen zu lassen, da sie nun einmal vorhanden war, ebensowenig wie die Muslime davon absehen konnten, im Bereich der mystischen Lehre die neuplatonischen Begriffe in einem gewissen Umfang zu verwenden, sobald sie dieselben kennenlernten. Es wäre aber ein schwerer Irrtum, in diesen Fällen von Synkretismus zu sprechen, indem man unberechtigterweise das Beispiel von künstlichen Lehren wie der modernen Theosophie heranzöge. Nie hat es zwischen zwei lebenden Religionen Entleihungen von wesentlichen, die Grundlagen beeinflussenden Elementen gegeben, wie die Vermutung, daß der Kultus des Amida auf die Nestorianer zurückgehe, es voraussetzt.

Als Beispiele des asiatischen Mönchtums müssen wir noch das der Hindu und das der Taoisten erwähnen, allein, diese beiden Fälle bieten keine Schwierigkeiten gleich jenen, die wir im Hinblick auf den Islam und den Buddhismus hervorgehoben haben. Gewiß, es bleibt stets die ganz allgemeine Schwierigkeit der Unterschiede zwischen den Religionen übrig, doch ist das eine komplexe Frage, auf die unsere eher zusammenfassenden Betrachtungen über das Mönchtum als eine die ganze Menschheit betreffende Erscheinung nicht einzugehen brauchen.

Eine Welt ist in dem Maße unsinnig, als der Meditierende, der Einsiedler, der Mönch in ihr als ein Paradox oder als ein «Anachronismus» erscheint. Der Mönch ist eben deshalb «zeitgemäß», weil er zeitlos ist: Wir leben in einer Epoche, die sich durch den Götzendienst der «Zeit» auszeichnet; der Mönch aber verkörpert all das, was unwandelbar ist, nicht aus Verknöcherung oder aus Trägheit, sondern aus Transzendenz.

Das führt uns zu Betrachtungen, welche die dringliche Notwendigkeit des mönchischen, oder ganz einfach des glaubensmäßigen Leitbildes – was letzten Endes auf dasselbe hinausläuft –, an seinem Gegenteil aufzeigen sollen. In dieser Welt eines unsinnigen Relativismus, in der wir leben, glaubt jener, der «unsere Zeit» sagt, alles gesagt zu haben; irgendwelche Erscheinungen mit einer «anderen Zeit» oder gar mit einer «abgelaufenen Zeit» gleichzusetzen, heißt, sie erledigen. Man beachte den scheinheiligen Sadismus, den Wörter wie «überholt», «veraltet» oder «irreversibel» zu bemänteln pflegen, indem sie das Denken durch einen auf die Phantasie ausgeübten Zauber, eine «Musik der Vorurteile» ersetzen.

So stellt man zum Beispiel fest, daß dieser oder jener liturgische Brauch den wissenschaftsgläubigen oder den der Masse schmeichelnden Geschmack unserer Zeit verletze, und ist froh, daran erinnern zu können, daß er aus dem Mittelalter oder gar von «Byzanz» herstamme, was einem ohne weiteres zu folgern erlaubt, daß er keine Daseinsberechtigung mehr habe. Man vergißt dabei völlig die einzige Frage, die sich zu stellen hat, nämlich, *warum* die Byzantiner jenen Brauch gepflegt haben, denn Tatsache ist, daß dieses *Warum* meistens außerhalb der Zeit liegt: daß es einen Grund hat, der von zeitlosen Ursachen abhängt. Sich selbst mit der «Zeit» gleichzusetzen und dadurch die Dinge nahezu allen inneren Wertes zu berauben ist eine ganz neue Haltung, die man willkürlich auf das, was wir rückblickend die «Vergangenheit» nennen, zu übertragen pflegt. In Wirklichkeit lebten unsere Vorfahren nicht in einer Zeit, vom Erlebnis und vom Geiste her gesehen, sondern in einem «Raum», das heißt in einer Welt von feststehenden Werten, wo das Fließen der Zeit sozusagen nur etwas Zufälliges war; sie besaßen einen wunderbaren Sinn für das Unbedingte in den Dingen und für die Verwurzelung der Dinge im Unbedingten.

Unsere Zeit trachtet mehr und mehr danach, den Menschen von seinen Wurzeln abzuschneiden; dadurch aber, daß man «bei Null wiederanfangen» und den Menschen auf das bloß Menschliche reduzieren will, gelangt man nur dazu, ihn zu entmenschlichen, was beweist, daß das «bloß Menschliche» nur ein Trugbild ist; der Mensch ist nur dann ganz Mensch, wenn er sich über sich selbst erhebt, und das kann er nur mit Hilfe der Religion. Das Mönchtum ist da, um daran zu erinnern, daß der Mensch allein durch sein dauerndes Bewußtsein vom Absoluten und den unbedingten Werten besteht, und daß die menschlichen Werke an sich nichts sind. Die Wüstenväter, ein Cassianus oder ein heiliger Benedikt, haben gezeigt, daß man *sein* muß, ehe man *handelt*, und daß die Taten nur in dem Maße, als die Liebe Gottes sie belebt und sich in ihnen spiegelt, kostbar sind und erträglich nur in dem Maße, als sie sich dieser Liebe nicht widersetzen. Die Fülle des Seins, die vom Geiste abhängt, kann der Tat grundsätzlich entbehren; diese hat keinen Selbstzweck, Martha ist Maria gewiß nicht überlegen.

Der Mensch unterscheidet sich vom Tier in zwei wesentlichen Punkten: durch sein Erkenntnisvermögen, das des Absoluten fähig ist und folglich auch die gegenständliche Wirklichkeit als solche und ihre Relativität zu erfassen vermag, und durch seinen freien Willen, der fähig ist, Gott zu wählen und ihm anzuhängen. Alles übrige ist bloße Zufälligkeit, namentlich jene weltliche und quantitative «Kultur», von der die ursprüngliche Kirche keine Ahnung hatte und die man heute zu einem Pfeiler des menschlichen Wertes macht, ganz entgegen der allgemeinen Erfahrung und des ohne weiteres einleuchtenden Wesens der Dinge.

In unseren Tagen wird der Mensch nicht kraft seiner besonderen – nur in einem göttlichen Zusammenhang bestimmbaren – Natur als Mensch betrachtet, sondern kraft der unentwirrbaren Folgen eines schon jahrhundertealten Prometheismus: Die menschlichen Werke sind es ja, sogar die fernen Folgen dieser Werke, die nach der Auffassung unserer Zeitgenossen den Menschen ausmachen und kennzeichnen. Wir leben in einer Welt von Kulissen, wo es fast unmöglich geworden ist, mit der ursprünglichen Wirklichkeit der Dinge in Berührung zu kommen; bei jedem Schritt schieben sich all die Vorurteile dazwischen, die einer unumkehrbaren Bewegung entspringen: Es ist, als sei der Mensch vor der Renaissance oder vor den Enzyklopädisten noch nicht ganz Mensch gewesen, oder als müsse man Descartes, Voltaire, Rousseau, Kant, Marx, Freud – samt dem unvermeidlichen, zuletzt hinzugekommenen Teilhard de Chardin – verarbeitet haben, um Mensch zu sein. Es ist betrüblich mitanzusehen, wie sich die Glaubensüberzeugungen allzuoft in eine ungläubige Emotionalität hüllen oder wie diese Überzeugungen Hand in Hand mit Zwangsregungen einhergehen, die ihnen geradewegs entgegengesetzt sind. Die Apologetik verlegt sich mehr und mehr auf ein falsches Gelände, wo ihr Sieg von vornherein unmöglich ist, und borgt eine Sprache, die schief klingt und niemanden überzeugen kann, abgesehen von einem gewissen äußerlichen Werbe-Erfolg, welcher der Religion als solcher keineswegs nützlich ist. Wenn die Apologetik die Demagogie streift, begibt sie sich auf den Weg zum Selbstmord. Anstatt sich an die reine und einfache Wahrheit zu halten – die ohnehin nicht jedermann genehm sein kann –, läßt man sich von den Zielsetzungen des Gegners, dann durch seine Dreistigkeit, sein dynamisches Getue, seine leichten Erfolge und seine wirksame Gemeinheit in den Bann ziehen. Unter dem Vorwand, die Botschaft des Glaubens nicht in «Beschlag nehmen» zu wollen, verfälscht man sie, wie man kann, hütet sich aber wohl, an diese Gefahr zu glauben und das Wort zu gebrauchen; man spricht höchstens von der Gefahr, «die Botschaft zu dämpfen», eine Beschönigung, deren Voreingenommenheit auf der Hand liegt.

«Machet euch die Erde untertan», sagt die Bibel, und die Fortschrittsgläubigen versäumen nicht, diesen Ausspruch nach Kräften auszuschlachten, um die wachsende Alleinherrschaft der Industrie zu rechtfertigen und eine ihr gemäße «Geistigkeit» zu empfehlen. In Wirklichkeit hat der Mensch schon seit langem jenen Befehl des Schöpfers befolgt; um dessen wahre Absicht und Grenzen zu begreifen, muß man sich des göttlichen Gebots, «nicht für den morgigen Tag zu sorgen» und ähnlicher Ermahnungen erinnern.[118] Es ist pure Scheinheiligkeit, sich auf den erwähnten biblischen Ausspruch zu berufen, ohne ihn in seinen Gesamtzusammenhang zu stellen, denn logischerweise müßte man den Worten «seid fruchtbar und mehret euch»[119] ebenfalls eine unbedingte Tragweite zusprechen und alle Enthaltsamkeit im Christentum abschaffen und sogar zur Vielweiberei der Hebräer zurückkehren. Dieser seltsame Eifer, den «Befehlen Gottes» Folge zu leisten, könnte, so scheint es uns, auch zu ganz anderen biblischen Entdeckungen führen als gerade dieser Stelle über den Ackerbau, den Fischfang, die Jagd und die Viehzucht und auch zu ganz anderen geistlichen Sorgen, als um die Einbeziehung der Religion in die Industrie.[120]

Minderwertigkeitsgefühle und Nachahmungstrieb sind schlechte Ratgeber; wie oft müssen wir feststellen, daß man nicht nur der Religion des Mittelalters, sondern selbst der des 19. Jahrhunderts, das ja auch nicht «atomistisch» war, die unsinnigsten Vorwürfe macht, als wären die Menschen, die vor uns gelebt haben, mit einer unerklärlichen Blindheit geschlagen gewesen, und als hätte man das Auftreten dieses oder jenes atheistischen Philosophen abwarten müssen, um ein entscheidendes Licht zu entdecken, das bis dahin alle Heiligen seltsamerweise verkannt hätten. Nur allzugern vergißt man, daß, wenn die menschliche Natur heute ein Recht auf Schwächen hat, was niemand bestreitet, sie auch früher ein Recht darauf hatte; der «Fortschritt» ist meistens nur eine Übertragung, der Umtausch eines Übels gegen ein anderes – andernfalls wäre unsere Epoche vollkommen und heilig.

Innerhalb der menschlichen Welt kann man kaum etwas Gutes wählen, man ist immer darauf angewiesen, ein geringeres Übel zu wählen; und um feststellen zu können, welches Übel das geringere ist, sind wir gezwungen, uns auf eine Stufenleiter von Werten zu beziehen, die von den ewigen Wirklichkeiten abhängen, und das eben ist es, was «unsere Zeit» niemals tut. Das Mittelalter ging von dem Gedanken aus, daß der Mensch böse ist, da er sündigt, während für unser Jahrhundert der Mensch gut ist, weil es ja die Sünde gar nicht gibt, so daß böse vor allem das ist, was uns an die Sünde glauben macht. Die moderne «Menschlichkeit» will in der Überzeugung daß der Mensch gut sei, den Menschen beschützen – doch vor wem? Vor dem Menschen natürlich – aber vor welchem Menschen? Und wenn das Böse nicht vom

Menschen herkommt, woher kommt es dann, da doch die Überzeugung herrscht, daß es keine Verantwortung gebe außer der menschlichen, und vor allem keine über ihr?

Es gibt das Vorurteil zugunsten der Wissenschaft und das zugunsten der Gesellschaft; das Mönchtum vermeidet beide Klippen, indem es den Nachdruck auf das «einzig Notwendige» legt und das Vorbild einer gemeinschaftlichen Armut ohne Neid verwirklicht, die für den Einzelnen durchaus zutrifft, selbst wenn das Kloster reich sein sollte. Was ist eine Wissenschaft wert, die weder vom transzendenten und bewußten Unendlichen, noch vom Jenseits, noch von den grundlegenden Phänomenen wie der Offenbarung, dem Wunder, der reinen Erkenntnis, der geistigen Schau und der Heiligkeit Rechenschaft zu geben vermag? Und was ist ein gesellschaftliches Gleichgewicht wert, das jede wirkliche Überlegenheit aufhebt und keine Rücksicht auf das innere Wesen des Menschen und seine höchste Bestimmung nimmt?

Man lächelt über den biblischen Schöpfungsbericht, weiß aber nichts von der semitischen Symbolik, die den Schlüssel zu scheinbar einfältigen Dingen liefert. Man behauptet, daß die Kirche immer «auf der Seite der Reichen» gewesen sei, und vergißt, daß es vom Standpunkt der Religion aus nur den Menschen gibt, ob er nun reich ist oder arm: den Menschen aus Fleisch und Geist, der dem Elend ausgesetzt und dem Tod geweiht ist. Wenn sich aber die Kirche als irdische Einrichtung notwendigerweise auf die Mächtigen gestützt hat, die sie beschützten oder beschützen sollten, so hat sie sich deshalb nie den Armen verweigert; auch wiegt sie ihre gelegentlichen und menschlichen Unvollkommenheiten bei weitem durch ihre geistigen Gaben und ihre zahllosen Heiligen auf, nicht zu vergessen der dauernden geistigen Gegenwart, die eben das Mönchtum verwirklicht. Man hat der katholischen Kirche ihre «Selbstgenügsamkeit» vorgeworfen. Nun hat aber die Kirche tausend Gründe, «selbstgenügsam» zu sein, da sie das ist, was sie ist, und bietet, was sie bietet.

Sie hat sich nicht aufzuregen, noch ihre «Selbstkritik» zu machen, noch «die Kurve zu kriegen», wie es jene verlangen, die für ihre Würde gar keinen Sinn mehr haben. Die Kirche hat das Recht, in sich selber zu ruhen; ihre Kampflinie sind die Heiligen; sie bedarf nicht der geschäftigen Demagogen, die gern ein «Drama» und eine «Agonie» schauspielern. Die Heiligen genügen ihr, und ihrer hat sie nie ermangelt.[121]

Der Erfolg des atheistischen Materialismus erklärt sich zum Teil daraus, daß er eine äußerste Position darstellt und sich als solche um so leichter behaupten kann, als die Welt, zu welcher er gehört, in ständiger Bewegung ist, und die seelischen Voraussetzungen für ihn da sind. Das Christentum ist ebenfalls eine äußerste Position, doch anstatt das zur Geltung zu bringen, verwässert man es – das ist jedenfalls die vorherrschende Tendenz – und paßt sich dem Gegner an, während es gerade der Extremismus der christlichen Botschaft ist, der, ungeschminkt vorgetragen – aber auch ohne vorschriftsmäßige «Dynamik» –, zu fesseln und zu überzeugen vermag. Indem man bewußt oder unbewußt vor den Beweisführungen des Gegners das Feld räumt, will man offenbar den Eindruck erwecken, als verbürge das christliche Absolute dieselbe Art von Vollkommenheit wie das fortschrittliche und sozialistische Absolutum, und zugleich verleugnet man jene – doch wesentlichen – Aspekte des christlichen Unbedingten, die den gegnerischen Neigungen zuwider sind, so daß man ihnen schließlich nichts anderes mehr entgegenzusetzen hat als ein halbwegs Unbedingtes ohne Eigenart.

Denn beide Haltungen sind falsch: Es ist falsch zu beteuern, daß man von jeher nur den gesellschaftlichen Fortschritt im Auge gehabt habe, was eine lächerliche Lüge und ohne Beziehung zur christlichen Heilsbotschaft ist; und es ist sinnlos, sich anzuklagen – indem man sich zu bessern verspricht –, daß man diesen Fortschritt vernachlässigt habe, denn das ist purer Verrat. Was man tun sollte, ist, jedes Ding an seinen Platz zu stellen und bei jeder Gelegenheit daran zu erinnern, was vom Standpunkt der Religion aus der Mensch, das Leben, die Welt und die Gesellschaft ist. Das Christentum ist eine auf das Jenseits ausgerichtete Sicht, es betrachtet die Dinge im Hinblick darauf, oder es betrachtet sie überhaupt nicht; so zu tun, als nehme man eine andere Anschauungsweise an – oder sie wirklich annehmen –, und dabei gleichzeitig in der Religion bleiben ist ein nicht überzeugender und verderblicher Widersinn. Die Dringlichkeit des Mönchtums liegt darin, daß es – ob einem das nun gefällt oder nicht – genau jenes Etwas verwirklicht, das in der Religion äußerst und unbedingt ist und das dem Wesen nach geistig und beschaulich ist. Die irdische Barmherzigkeit hat nur durch die himmlische Barmherzigkeit Sinn: «Trachtet vor allem nach dem Reiche Gottes und seiner Gerechtigkeit . . .»

Daß sich die Religion manchmal neuen Umständen anpassen könne und müsse, ist selbstverständlich und unvermeidlich; man muß aber darauf achten, den Umständen nicht von vornherein recht zu geben und sie als maßgeblich anzusehen, bloß weil sie vorhanden sind und der Mehrheit gefallen. Wenn man eine Anpassung vornimmt, ist es wichtig, sich streng an die Anschauungsweise der Religion und an die von ihr gegebene Abstufung der Werte zu halten; man muß sich an Maßstäbe halten, die auf der Metaphysik beruhen und dem geistigen Leben Rechnung tragen und sich nicht von einer falschen Wertung der Dinge anstecken lassen. Spricht man nicht von einer «auf das Gesellschaftliche ausgerichteten Religion», was entweder ein Pleonasmus oder ein Unsinn ist, oder gar von einer «Geistigkeit der wirtschaftlichen Entwicklung», was abgesehen von seiner Ungeheuerlichkeit einen Widerspruch im Ausdruck darstellt? Dieser Philosophie zufolge muß sich der Irrtum oder die Sünde nicht mehr den Geboten der Wahrheit und der Geistigkeit unterwerfen; es ist im Gegenteil die Wahrheit, die Geistigkeit, die sich dem Irrtum und der Sünde anzupassen hat; und die Meinung des Gegners wird zum Kriterium für wahr und falsch, gut und böse.

Doch kehren wir einen Augenblick zum Wissenschaftsglauben zurück, da dieser im zeitgenössischen Denken eine so entscheidende Rolle spielt: Wir sehen ganz und gar nicht ein, warum man über Weltraumfahrten in Verzückung geraten sollte; die Heiligen steigen bei ihren Entrückungen unendlich viel höher hinauf, und das meinen wir nicht nur in einem allegorischen, sondern in einem durchaus wirklichen Sinne, den wir als «wissenschaftlich» oder «exakt» bezeichnen könnten. Die moderne Wissenschaft mag noch so sehr das unendlich Ferne und auch das unendlich Kleine erforschen, sie mag wohl auf ihre Weise die Welt der Milchstraßen und die der Moleküle erreichen, sie weiß dennoch nichts – da sie weder an die Offenbarung noch an die geistige Erkenntnis glaubt – von all den nichtkörperlichen und übersinnlichen Welten, die unseren sinnlichen Daseinszustand gleichsam umhüllen und im Vergleich zu denen derselbe nur eine Art von zerbrechlicher Gerinnung darstellt, die dazu bestimmt ist, zu ihrer Zeit durch die blitzartige Einwirkung der göttlichen Wirklichkeit zu verschwinden. Eine Wissenschaft ohne Metaphysik begründen zu wollen ist ein offenbarer Widerspruch, denn ohne Metaphysik gibt es weder Maßstäbe noch Kriterien und keine durchdringende, schauende und ordnende Intelligenz. Der alles auf seelische Bedingtheiten zurückführende, das Unbedingte verkennende Psychologismus ebenso wie der an sich widersprüchliche, das Höhere aus dem Niedrigeren ableitende Evolutionismus erklären sich nur daraus, daß man zuvor den Intellekt in seiner wesentlichen und umfassenden Potenz ausgeschlossen hat.

Früher zweifelte man zuweilen am Gegenständlichen, samt jenem, das sich in uns selber befinden mag – denn «gegenständlich» ist alles, dessen wir uns in unterscheidender und trennender Weise bewußt sein können, also auch ein sittlicher Mangel unserer selbst –, heutzutage aber scheut man nicht den Widerspruch, der darin liegt, am erkennenden Subjekt in seinem innersten und unersetzlichen Wesen zu zweifeln: Man stellt die Intelligenz selbst in Frage, man unterzieht sie sogar der «Kritik», ohne sich zu fragen, «wer» denn diese Kritik ausübt – spricht man nicht davon, einen vollkommeneren Menschen herstellen zu wollen? –, und ohne zu merken, daß der philosophische Zweifel in dieser Abwertung inbegriffen ist, daß er mit der Intelligenz hinfällig wird und daß so auf einen Schlag jegliche Wissenschaft und alle Philosophie zusammenbrechen. Denn wenn unsere Intelligenz grundsätzlich unzulänglich ist, wenn wir unzurechnungsfähig oder bloße Erdklumpen sind, so ist es nutzlos, Philosophie zu treiben.

Man möchte uns glauben machen, daß unser Geist seinem Wesen nach selber bedingt sei, daß er überhaupt kein beständiges Maß besitze – als läge der zureichende Grund des menschlichen Geistes nicht gerade darin, daß er diesen Maßstab in sich trägt! – und daß folglich die Begriffe von wahr und falsch durch und durch bedingt und also immerzu fließend seien. Und da gewisse Folgen angehäufter Irrtümer sich an den uns angeborenen Maßstäben stoßen und von ihnen entlarvt und gerügt werden, sagt man uns, daß dies nur eine Frage der Gewohnheit sei und daß unser Wesen verändert werden müsse, das heißt, daß man ein neues Erkenntnisvermögen zu schaffen habe, welches das Häßliche schön finde und das Falsche als wahr annehme. Der Teufel ist von Grund auf unfähig zuzugeben, daß er sich getäuscht hat, es sei denn, ein solches Geständnis wäre zu seinem Nutzen: Also muß der zur Gewohnheit gewordene Irrtum um jeden Preis recht behalten, selbst um den Preis unserer Intelligenz und letzten Endes unseres Daseins: Das Wesen der Dinge und unsere Fähigkeit, es zu erkennen, gelten als «Vorurteil».

Man hat wieder und wieder behauptet, daß das Mönchtum in all seinen Formen, sei es nun christlich oder buddhistisch, eine Manifestation des «Pessimismus» darstelle: Man umgeht so aus Bequemlichkeit oder aus Gedankenlosigkeit den geistigen und wirklichkeitsgemäßen Aspekt der Frage und führt sachliche Feststellungen, metaphysische Anschauungen und logische Schlüsse auf bloße gefühlsmäßige Veranlagungen zurück. Als «pessimistisch» wird der bezeichnet, der weiß, daß eine Lawine eine Lawine ist, und als «optimistisch» jener, der sie für Nebel hält. Gelassen des Todes gedenken und Zerstreuungen verachten, gilt als Schwarzseherei, mit Abscheu an den Tod denken aber, oder den Gedanken an ihn vermeiden und alles Glück, dessen man fähig ist, in den vergänglichen Dingen suchen, das gilt als «Mut» und als «Sinn für Verantwortung». Wir haben nie verstehen können, warum jene, die ihre Hoffnung auf Gott setzen und dabei genug Urteilskraft besitzen, um die «Zeichen der Zeit» lesen zu können, der Bitterkeit beschuldigt werden, während andere als starke und glückliche Naturen gelten, weil sie den Schein für wirklich nehmen. Unglaublich ist aber, daß diese falsche Schönseherei, die in vollkommenem Gegensatz zur Heiligen Schrift steht und den greifbarsten Kriterien widerspricht, Menschen gewinnen kann, die sich zum Glauben an Gott und an das zukünftige Leben bekennen.

Wir möchten nun versuchen, auf eine gewisse Weise zu beschreiben – man könnte es auch auf tausend andere Weisen tun –, wie der Mensch, der Gott anhängt, geistig im Dasein steht oder wie er sich zu diesem schwindelerregenden Abgrund, der die Welt ist, einstellt. Der Stand des Mönches – denn dieser ist es, der uns hier im besonderen interessiert, obgleich wir auch vom beschaulich Lebenden im allgemeinen hätten sprechen können –, der Mönchsstand also bedeutet einen Sieg über Raum und Zeit oder über Welt und Leben, in dem Sinne, daß sich der Mönch durch sein Verhalten in die Mitte und in die Gegenwart stellt: in die Mitte im Verhältnis zur Welt voller Erscheinungen und in die Gegenwart im Verhältnis zum Leben voller Ereignisse. Sammlung im Gebet und Rhythmus des Gebets: Das sind in einem gewissen Sinne die beiden Dimensionen des geistigen Daseins im allgemeinen und des mönchischen Daseins im besonderen.

Der Mönch sondert sich von der Welt ab, er läßt sich an einem bestimmten Ort nieder – und dieser Ort ist Mitte, weil er Gott geweiht ist –, er schließt seelisch die Augen und bleibt an Ort und Stelle in Erwartung des Todes, wie eine Statue in einer Nische, um mit dem heiligen Franz von Sales zu reden. Durch diese «Sammlung» befindet sich der Mönch unter der göttlichen Achse, er nimmt schon teil am Himmel dadurch, daß er in einer tatsächlichen Weise Gott anhängt. Und eben dadurch entzieht sich der Meditierende auch der Dauer, denn kraft des Gebets – dieser ständigen Vergegenwärtigung des Unbedingten – verharrt er in einem zeitlosen Augenblick: Das Gebet – oder das Gottgedenken – ist jetzt und immer, es ist ein «immerwährendes Jetzt» und gehört schon der Ewigkeit an. Das Leben des Mönchs ist dank dem Ausscheiden ungeordneter Bewegungen ein Rhythmus; der Rhythmus aber ist das Festhalten eines Augenblicks – oder der Gegenwart – in der Dauer, gleich wie die Unbeweglichkeit das Festhalten eines Punktes – oder der Mitte – in der Ausdehnung ist. Diese Sinnbildlichkeit, die auf dem Gesetz der Analogie beruht, wird dadurch, daß sie Gott geweiht ist, unmittelbar wirklich. Auf diese Weise hält der Mönch die Welt in seiner Hand und beherrscht so auch das Leben, denn es gibt nichts Kostbares in der Welt, das wir nicht hierselbst besäßen, wenn der Punkt, an dem wir uns befinden, Gott angehört und wir dadurch, daß wir hier sind, ihm angehören; und ebenso ist unser ganzes Leben in diesem Augenblick enthalten, in dem wir Gott wählen und nicht die eitlen Dinge.

In der zeitlichen Ausdehnung, die sich vor uns erstreckt, gibt es nur drei Gewißheiten: die des Todes, die des Gerichtes und die des ewigen Lebens. Wir haben keine Gewalt über die Vergangenheit, und wir kennen die Zukunft nicht; wir haben für die Zukunft nur jene drei Gewißheiten, doch besitzen wir noch eine vierte in eben diesem Augenblick, und die ist alles: Es ist die Gewißheit un-

serer eigenen Gegenwärtigkeit, unserer gegenwärtigen
Freiheit, Gott zu wählen und damit unser Schicksal zu
wählen.

In diesem Augenblick, dieser Gegenwart, halten wir unser ganzes Leben, unser ganzes Dasein in Händen: Alles
ist gut, wenn dieser Augenblick gut ist und wir es fertig-
bringen, unser Leben in diesen gesegneten Augenblick zu
fassen. Das ganze Geheimnis der geistigen Treue besteht
darin, in diesem Augenblick zu verweilen, ihn zu erneuern
und dauern zu machen durch das Gebet, ihn festzuhalten
durch den geistigen Rhythmus, in ihn all die Zeit, die sich
über uns ergießt und die uns weit weg von diesem «göttlichen Augenblick» zu entführen droht, einzuschließen. Die
Berufung des Mönchs ist das ständige Gebet, nicht etwa,
weil das Leben lang ist, sondern weil es nur einen einzigen
Augenblick währt; die Beständigkeit – oder der Rhythmus
– des Gebets bezeugt, daß das Leben nur ein immer ge-
genwärtiger Augenblick ist, ebenso wie das räumliche Verharren an einem geweihten Ort bezeugt, daß die Welt nur
ein Punkt ist, doch ein Punkt, der, weil er Gott angehört,
überall ist und keine Glückseligkeit ausschließt.

Diese Reduzierung der existentiellen Ausdehnungen –
oder dessen, was sie an Endlosem und Willkürlichem an
sich haben – auf eine gesegnete Einheit ist zugleich das,
was das Wesen des Menschen ausmacht; alles übrige ist
Nebensache und Zufall. Das ist eine Wahrheit, die sich an
jedes menschliche Wesen richtet, und deshalb ist auch der
Mönch nicht irgendein Sonderling, er ist ganz einfach ein
Ur- oder Vorbild oder ein geistiger Entwurf: Jeder
Mensch muß darum, weil er Mensch ist, auf gewisse Weise
jenen Sieg über die Welt, die zerstreut, und über das Leben, das knechtet, erringen. Allzu viele Leute glauben, sie
hätten keine Zeit zum Beten, doch ist das eine Täuschung,
die von jener Gleichgültigkeit herrührt, die nach Fénelon
die ärgste Krankheit der Seele ist; denn all die zahllosen
Augenblicke, die wir mit unseren gewohnten Träumen

und unseren allzuoft nur müßigen Überlegungen anfüllen, die rauben wir Gott und uns selber.

Die große Sendung des Mönchtums besteht darin, der Welt zu zeigen, daß das Glück nicht irgendwo in der Ferne, in etwas, das außerhalb von uns ist, in einem zu entdeckenden Schatz oder in einer zu erbauenden Welt liegt, sondern da, wo wir Gottes sind. Der Mönch vertritt einer entmenschlichten Welt gegenüber das, was unsere wahren Maßstäbe sind; seine Sendung ist, die Menschen daran zu erinnern, was der Mensch ist.

RELIGIO PERENNIS

Ein Schlüssel zum Verständnis unserer wahren Natur und unserer höchsten Bestimmung ist uns darin gegeben, daß die irdischen Dinge niemals der wirklichen Dimension unseres Geistes entsprechen. Dieser ist für das Unbedingte geschaffen, sonst wäre er nicht, was er ist; denn von allen Intelligenzen dieser Welt ist allein der menschliche Intellekt fähig, von den Dingen Abstand zu nehmen, und das bedeutet oder beweist, daß nur das Absolute ihm erlaubt, alles, was er fassen kann, zu erfassen und ganz er selbst zu sein.[122] Wenn es nötig oder nützlich wäre, das Unbedingte zu beweisen, so genügte als Zeugnis der wirklichkeitsgemäße und überpersönliche Charakter des menschlichen Intellekts, denn es liegt darin die unleugbare Spur einer ersten rein geistigen Ursache, einer zutiefst innerlichen und doch alles umfassenden Einheit, einer der Welt innewohnenden und sie zugleich übersteigenden Wesenheit.

Es ist schon mehr als einmal gesagt worden, daß die allumfassende Wahrheit mit ewigen Buchstaben auf dem Grunde unseres Geistes geschrieben steht. Die verschiedenen Offenbarungen tun nichts anderes, als einen Grundbestand von Gewißheiten, der nicht nur im göttlichen Allwissen enthalten ist, sondern gespiegelt auch im «natürlich-übernatürlichen» Kern des menschlichen Wesens schlummert, zu «Kristallen» werden zu lassen und den Umständen entsprechend mehr oder weniger «an den Tag zu bringen»; im Kern des menschlichen Wesens, das heißt: des einzelnen Menschen sowohl als auch der ethnischen oder geschichtlichen Gemeinschaft oder der gesamten menschlichen Art.

Dasselbe gilt für den Willen, der übrigens nur eine Erweiterung oder Ergänzung der Intelligenz darstellt: Die Gegenstände, die sich der menschliche Wille gewöhnlich vornimmt oder die das Leben ihm auferlegt, bleiben jenseits der eigentlichen Dimension dieses Willens; nur die «göttliche Ausdehnung» kann den Durst nach Fülle stillen, der unseren Willen oder unsere Liebe kennzeichnet. Unser Wille ist eben deshalb menschlich, das heißt frei, weil er Gott gemäß ist; nur in Gott ist er allen Zwangs enthoben und damit aller ihm wesensfremden Einschränkungen ledig.

Die wesentliche Tätigkeit des menschlichen Geistes ist die Unterscheidung zwischen Wirklichkeit und Schein oder zwischen Dauerndem und Vergänglichem; und die wesentliche Bestimmung des Willens ist, daß er dem Dauernden oder Wirklichen anhänge. Jenes Unterscheiden und dieses Anhängen sind der Inbegriff aller Geistigkeit; auf ihrer höchsten Stufe und in ihrem reinsten Grund bilden sie das, was jedem großen geistigen Erbe der Menschheit an Allgültigem zugrunde liegt und das wir *religio perennis* nennen können.[123] Ihr hängen die Weisen an, wenn sie sich dabei auch notwendigerweise auf formale Elemente stützen, die göttlicher Offenbarung entspringen.[124]

Die metaphysische Untersuchung «trennt» *Atmâ* von *Mâyâ*; die meditative Sammlung dagegen, oder das einende Bewußtsein, «verbindet» *Mâyâ* mit *Atmâ*. Auf die Unterscheidung, welche trennt,[125] bezieht sich die Lehre; auf die Sammlung, welche eint, bezieht sich die Methode. Mit dem erstgenannten Element hängt der «Glaube», mit dem zweiten die «Liebe Gottes» zusammen.

Die *religio perennis* besteht – um den wohlbekannten Ausspruch des Irenäus zu umschreiben – grundsätzlich darin, daß das Wirkliche in das Scheinbare eingegangen ist, auf daß das Scheinbare zum Wirklichen zurückkehren könne.

Dieses Mysterium – zusammen mit der metaphysischen Unterscheidung und ihrer Ergänzung, der meditativen Sammlung – ist das vom Standpunkt der Gnosis aus allein Wesentliche; für den Gnostiker – im etymologischen und echten Sinne des Wortes – gibt es letzten Endes keine andere «Religion». Sie ist das, was Ibn Arabî die «Religion der Liebe» genannt hat, wobei er den Nachdruck auf das Element «Verwirklichung» legte.

Die doppelte Definition der *religio perennis* – Unterscheidung von Wirklichem und Scheinbarem, ständige und einende Sammlung und Konzentration auf das Wirkliche – schließt zusätzlich all die Merkmale ein, die für die innere Orthodoxie jeder Religion und jeder Geistigkeit gelten: Damit eine Religion orthodox sei, muß sie in der Tat eine mythologische oder lehrhafte Symbolik besitzen, welche die genannte Unterscheidung begründet, und sie muß einen Weg weisen, der die vollkommene Sammlung sowie deren ständige Aufrechterhaltung verbürgt. Das bedeutet, daß eine Religion dadurch orthodox ist, daß sie sowohl eine genügende – wenn auch nicht immer erschöpfende – Vorstellung des Unbedingten und des Bedingten und ihrer gegenseitigen Verhältnisse als auch eine mystisch-beschauliche, im Hinblick auf unsere letzten Ziele wirksame geistige Tätigkeit verbürgt. Denn es ist wohlbekannt, daß die Irrlehren stets dazu neigen, entweder die Vorstellung des Göttlichen oder unsere Weise, ihm anzuhängen, zu verwässern; was sie uns anbieten, ist entweder eine weltliche oder unheilige – sagen wir «humanistische» Entstellung der Religion oder auch eine Mystik, die das bloße Ich und seine Täuschungen zum Inhalt hat.

Es mag vermessen erscheinen, einen so komplexen Gegenstand wie den der verschiedenen geistigen Perspektiven in einfachen und gleichsam schematischen Worten behandeln zu wollen. Da jedoch das Wesen der Dinge selbst es zuläßt, sie unter dem Gesichtspunkt der Einfachheit zu betrachten, kämen wir der Wahrheit nicht näher, wenn wir den Verflechtungen einer Vielfältigkeit nachgingen, die sich im vorliegenden Falle gar nicht aufdrängt. Zergliedern ist eine mögliche Betätigung des Geistes, Zusammenfassen eine andere; das übliche Vorurteil, schwer Verständliches für geistreich und leicht Verständliches für banal und anmaßend zu halten, hat selbstredend nichts mit der wahren Natur des Geistes zu tun. Mit der geistigen Schau verhält es sich wie mit der sinnenhaften: Es gibt Dinge, die man in all ihren Einzelheiten sehen muß, um sie zu erkennen, und andere, die man besser wahrnimmt, wenn man sie aus einem gewissen Abstand betrachtet, und die gerade in ihrer vereinfachten Erscheinung ihr wirkliches Wesen besser manifestieren. Die Wahrheit kann wohl endlos ausgebreitet und ausgefächert werden; sie ist jedoch auch in einem «geometrischen Punkt» enthalten, und es kommt nur darauf an, diesen Punkt zu erfassen, was auch immer das Symbol oder die Symbolik sein mag, die das geistige Verständnis tatsächlich erweckt.

Die Wahrheit ist eine, und es wäre eitel, sie nur an einem einzigen Ort zu suchen, denn da der Geist seinem Wesen nach alles enthält, was wahr ist, kann die Wahrheit überall da, wo sich der Geist im Bereich einer gegebenen Offenbarung entfaltet, nicht umhin, sich zu manifestieren. Man kann den Raum sowohl mit einem Kreis als auch mit einem Kreuz, einem Stern oder einem Viereck abbilden; und so, wie es unmöglich ist, daß nur eine einzige Figur das Wesen des Raums oder der Ausdehnung ausdrückt, so ist es auch unmöglich, daß es nur eine einzige Lehre gibt, die vom Unbedingten und von den Beziehungen zwischen dem Bedingten und dem Unbedingten zeugt. Mit anderen Worten: Zu glauben, daß es nur eine einzige wahre Lehre geben könne, hieße die Komplexität der geometrischen Figuren, die den Raum grundsätzlich ermessen, verneinen, und es hieße auch – um ein ganz anderes Beispiel zu nennen – die vielfache Wiederholung des Ichbewußtseins oder die Möglichkeit verschiedener Standpunkte wegleugnen. In jeder Offenbarung sagt Gott «Ich», indem Er sich «nach außen hin» auf einen anderen Standpunkt stellt als den, der für eine vorausgehende Offenbarung galt; so erklärt sich der scheinbare Widerspruch auf der Ebene der formalen «Kristallwerdungen» des Geistes.

Kehren wir nun zu unserer *religio perennis* zurück, die wir insofern betrachten wollen, als sie aus metaphysischer Unterscheidung und einender Sammlung besteht, oder insofern, als sie die Herabkunft des göttlichen Ursprungs ist, der sich zur kosmischen Manifestation macht, auf daß diese Manifestation zum Ursprung zurückkehre.

Im Christentum ist – nach Irenäus – Gott «Mensch geworden», auf daß der Mensch «Gott werde»; in der Sprache des Hinduismus würde man sagen: *Atmâ* ist *Mâyâ* geworden, auf daß *Mâyâ Atmâ* werde. Im Christentum besteht die meditative und einende Sammlung darin, daß man im manifestierten Wirklichen verharre – im «Fleisch gewordenen Worte» –, auf daß dieses Wirkliche in uns bleibe, die wir aus Täuschung gemacht sind. So wie Christus der heiligen Katharina von Siena in einem Gesicht erklärte: «Ich bin der, welcher ist, und du bist die, welche nicht ist.» Die Seele verharrt im Wirklichen – im Reich Gottes, das «in uns ist» – kraft des ständigen Herzensgebets, wie es das Gleichnis vom ungerechten Richter und der Kommentar des Paulus lehren.

Im Islam prägt sich dieses grundlegende – weil allgültige – Thema in einer ganz anderen Sicht aus. Die Unterscheidung zwischen dem Wirklichen und dem Unwirklichen drückt sich hier in der Bezeugung der Einheit (der *Shahâdah*) aus: Die entsprechende Sammlung auf das Sinnbild oder das ständige Bewußtsein des Wirklichen wird durch eben diese Bezeugung, oder durch den göttlichen Namen, der sie zusammenfaßt und der so die wesentliche Kristallwerdung der koranischen Offenbarung ist, bewirkt. Diese Bezeugung oder der Name sind außerdem zugleich der Gehalt der abrahamischen – durch die ismaelische Linie fortgepflanzten – Offenbarung und weisen letzten Endes auf die Uroffenbarung des semitischen Zweiges der Menschheit zurück. Das Wirkliche ist «herabgestiegen» *(nazzala, unzila)*, es ist in das Unwirkliche oder Scheinbare, das «Vergängliche» *(fânin)*[126] eingegangen, indem es zum *Qur'ân* wurde – oder zu der ihn zusammenfassenden *Shahâdah*, oder zum *Ism* (dem «Namen»), der ihr lautlicher und schriftlicher Inbegriff ist, oder zum *Dhikr* (der «Erwähnung»), ihrer tätigen Zusammenfassung –, damit das Scheinhafte in diesem göttlichen Namen zum Wirklichen zurückkehren könne, zum «Antlitz» *(Wadjh)* des Herrn, das «allein ewig bleibt» *(wa yabqa Wadjhu Rabbika)*,[127] welche metaphysische Dimension wir den Begriffen «Schein» und «Wirklichkeit» auch immer beimessen mögen. In dieser Gegenseitigkeit liegt das ganze Geheimnis der «Nacht des Geschicks» *(Laylat el-Qadr)*, die eine «Herabkunft» ist, wie auch der «Nacht des Aufstiegs» *(Laylat el-Mi'râdj)*, welche die umgekehrte Bewegung darstellt. Die meditative Verwirklichung – die «Einung» *(tawhîd)* – hat teil an diesem Aufstieg des Propheten durch die himmlischen Stufen. «Wahrlich», sagt der Koran, «das Gebet verhindert die großen Sünden *(fahshâ)* und die kleinen *(munkar)*, doch die Erwähnung *(Dhikr)* Allâhs ist größer».[128]

In gewisser Hinsicht der christlichen Anschauung näher, in anderer Hinsicht jedoch viel weiter entfernt von ihr ist die buddhistische, die sich zwar einerseits auf ein «Fleisch gewordenes Wort» bezieht, andrerseits aber nicht die anthropomorphe Vorstellung eines Schöpfergottes besitzt. Im Buddhismus sind die beiden Pole der Unterscheidung oder der Wahl das *Nirvâna*, das Wirkliche, und das *Samsâra*, der Schein. Der Weg ist letzten Endes das ständige Bewußtsein des *Nirvâna* als des *Shûnya*, des «Leeren», oder auch die Konzentration auf die rettende Manifestation des *Nirvâna*, auf den Buddha, der *Shûnyamûrti*, «Manifestation des Leeren» ist. Im Buddha, namentlich in seiner Gestalt als *Amitâbha*, ist das *Nirvâna* zum *Samsâra* geworden, auf daß dieses zum *Nirvâna* werde; und wenn das *Nirvâna* das Wirkliche und das *Samsâra* der Schein ist, so ist der *Buddha* das Wirkliche im Schein, und der *Bodhisattva* das Scheinbare im Wirklichen,[129] was uns zum Sinnbild des *Yin-Yang* hinführt. Der Übergang vom Schein zum Wirklichen ist es, den das *Prajnâ-Pâramitâ-Hridaya-Sûtra* in folgenden Worten beschreibt: «Gegangen, gegangen – gegangen zum anderen Ufer, angelangt am anderen Ufer –, o Erleuchtung, sei gesegnet!»

Jede geistige Perspektive stellt, der Natur der Dinge gehorchend, eine gewisse Auffassung des Menschen einer entsprechenden Auffassung Gottes gegenüber, und daraus ergeben sich drei Definitionen, eine für den Menschen als solchen, eine für Gott, insofern er sich dem in der bestimmten Weise definierten Menschen offenbart, und eine dritte für den Menschen, insofern ihn Gott kraft der gegebenen Perspektive verwandelt.

Vom ichhaften menschlichen Standpunkt aus betrachtet ist der Mensch das Enthaltende und Gott der Inhalt; vom göttlichen Standpunkt aus – wenn man sich so ausdrücken darf – ist das Verhältnis jedoch umgekehrt, da alles in Gott enthalten ist und nichts ihn enthalten kann. Die Aussage, daß der Mensch nach dem Bilde Gottes geschaffen sei, bedeutet zugleich, daß Gott *a posteriori*, dem Menschen gegenüber, etwas von diesem Bilde annimmt. Gott ist reiner Geist, und der Mensch ist dementsprechend Geist oder Bewußtsein; umgekehrt, wenn wir den Menschen als Intelligenz definieren, so erscheint Gott als «Wahrheit». Anders ausgedrückt wendet sich Gott, da er sich unter dem Aspekt der «Wahrheit» manifestieren will, an den Menschen, insofern dieser mit Intelligenz begabt ist, so wie er sich an den in Not befindlichen Menschen wendet, um seine Barmherzigkeit zu zeigen; oder an den mit freiem Willen begabten Menschen, um sich als erlösendes Gesetz zu offenbaren.

Die «Beweise» Gottes und der Religion sind im Menschen selbst: «Indem er seine eigene Natur erkennt, erkennt er auch den Himmel», sagt Mencius, in Übereinstimmung mit ähnlichen und wohlbekannten Leitsätzen. Man muß aus den Gegebenheiten unserer Natur jene entscheidende Gewißheit schöpfen, die uns den Weg zur Gewißheit des Göttlichen und der Offenbarung erschließt. Wer «Mensch» sagt, sagt zugleich «Gott», wer «bedingt» sagt, sagt «unbedingt».

Die menschliche Natur im allgemeinen und der menschliche Geist im besonderen sind nicht zu verstehen ohne das Phänomen der Religion, die sie auf die unmittelbarste und vollständigste Weise definiert: Wenn wir die transzendente – nicht «psychologische» – Natur des menschlichen Wesens erfaßt haben, erfassen wir auch die der Offenbarung, der Religion, der Überlieferung; wir verstehen dann deren Möglichkeit, Notwendigkeit und Wahrheit. Und indem wir die Religion nicht nur in dieser oder jener Form und dem Wortlaut nach, sondern auch in ihrem metaformalen Wesen verstehen, verstehen wir ebenfalls die Religionen, das heißt den Sinn ihrer Vielfalt und Verschiedenheit. Das ist die Ebene der Gnosis, der *religio perennis*, wo die äußerlichen Gegensätze der Dogmen sich erklären und auflösen.

Auf der äußerlichen und daher bedingten Ebene, die jedoch im menschlichen Bereich ihre Bedeutung hat, steht die *religio perennis* in Beziehung zur unberührten Natur und damit zugleich zur ursprünglichen Nacktheit: der Nacktheit des Menschen bei der Schöpfung, bei der Geburt, bei der Auferstehung, oder der Nacktheit des Oberpriesters im Allerheiligsten, oder des Einsiedlers in der Wüste,[130] des indischen *Sadhu* oder *Sanyâsi*, des still auf einem Berge betenden Indianers.[131] Die unverdorbene Natur ist sowohl ein Überrest des irdischen Paradieses als auch eine Vorwegnahme des himmlischen; die Heiligtümer und die Gewänder sind vielgestaltig, die unberührte Natur aber und der menschliche Körper bleiben der ursprünglichen Einheit treu. Die heilige Kunst entfernt sich scheinbar von dieser Einheit, gibt jedoch im Grunde den natürlichen Phänomenen ihre göttliche Botschaft zurück, für welche die Menschen unempfindlich geworden sind. In der Kunst neigt die von der Liebesmystik beherrschte Sicht zur Überfülle, zum Reichtum, während die Sicht der Gnosis zur Natur, zur Einfachheit und zur Stille hinneigt; daher der Gegensatz zwischen der gotischen Fülle und der Schlichtheit der Zen-Kunst.[132] Doch darf man darüber nicht vergessen, daß die Rahmen oder äußeren Formensprachen stets zufälliger Natur sind und daß alle Verbindungen und Ausgleiche möglich sind, um so mehr, als sich in der Geistigkeit alle Möglichkeiten gegenseitig spiegeln können, je nach den Formensprachen.

Eine Kultur ist in dem Maße vollständig und gesund, als sie auf der «unsichtbaren» oder der «verhüllten Religion», der *religio perennis* fußt; und das heißt, daß sie es in dem Maße ist, als ihre Ausdrucksweisen und ihre Formen das Metaformale durchscheinen lassen und dem Ursprung zustreben, indem sie so die Erinnerung eines verlorenen Paradieses, zugleich aber und erst recht die Vorahnung einer zeitlosen Glückseligkeit vermitteln. Denn der Ursprung ist sowohl in uns als auch vor uns; die Zeit ist nur eine Spiralbewegung um eine unwandelbare Mitte.

SCHLÜSSEL ZUR BIBEL

Um Sinn und Wesen der Bibel zu verstehen, muß man sich
in erster Linie auf die beiden Begriffe der Symbolik und der
Offenbarung beziehen; ohne ein genaues und – gegebenenfalls – genügend vertieftes Verständnis dieser Schlüssel-Be-
griffe bleibt die Beschäftigung mit der Bibel etwas Ungewis-
ses und birgt die Gefahr schwerwiegender lehrhafter, psychologischer und geschichtlicher Fehler in sich. Der Begriff
der Offenbarung vor allem ist hier zentral, denn der buchstäbliche Sinn der Bibel, in den Psalmen namentlich und in
den Worten Jesu, bietet der Frömmigkeit genügend Nahrung, ganz abgesehen von der Frage nach der Symbolik dieser Texte; diese Nahrung aber verlöre ihre ganze Lebendig-
keit und ihre ganze erlösende Kraft ohne den richtigen Begriff der Offenbarung oder des übermenschlichen Ursprungs der Heiligen Schrift.

Andere Stellen, in der Schöpfungsgeschichte vor allem,
aber auch in solchen Schriften wie dem Hohenlied, bleiben
rätselhaft ohne die Hilfe der überlieferten Kommentare. Bei
der Beschäftigung mit der Bibel wäre es wichtig, stets so weit
wie möglich die rabbinischen und kabbalistischen Kommentare und – auf christlicher Seite – ebenso die patristischen
und mystischen Auslegungen mit heranzuziehen. Man würde dann erkennen, daß der Wortlaut fast nie sich selbst genügt und daß die scheinbaren Einfältigkeiten, Unfolgerich-
tigkeiten und Widersprüche sich in einer nach der Tiefe hin
ausgerichteten Sehweise, zu der man den Schlüssel besitzen
muß, aufheben. Das Buchstäbliche ist oft eine verschlüsselte

Sprache, die mehr verhüllt als enthüllt und die nur Anhaltspunkte für kosmologische, metaphysische und mystische Wahrheiten bieten soll; die morgenländischen Überlieferungen akzeptieren alle diese Vieldeutigkeit und Vielschichtigkeit der heiligen Schriften.

Nach Meister Eckhart «lehrt der Heilige Geist jegliche Wahrheit. Es ist wahr, daß es einen buchstäblichen Sinn gibt, den der Verfasser im Auge hatte; da aber Gott der Verfasser der Heiligen Schrift ist, so ist jeglicher wahre Sinn zugleich buchstäblicher Sinn; denn alles Wahre kommt von der Wahrheit selber her, ist in ihr enthalten, stammt von ihr ab und ist von ihr gewollt.» Desgleichen Dante in seinem *Convito* (II,1): «Die Schriften sind hauptsächlich in einem vierfachen Sinn zu verstehen und auszulegen. Ein Sinn wird buchstäblich genannt... Ein anderer Sinn wird der allegorische genannt... Der dritte Sinn wird der moralische genannt... Der vierte Sinn wird der anagogische, das heißt der Übersinn *(sovrasenso)* genannt. Das verhält sich so, wenn man auf geistige Weise eine Schrift auslegt, die außer den Dingen, die sie ihrem buchstäblichen Sinne nach meint, höhere, auf die ewige Herrlichkeit bezogene ausdrückt, wie man jenem Psalm des Propheten entnehmen kann, wo es heißt, daß durch den Auszug des Volkes Israel aus Ägypten Judäa heilig und frei geworden sei. Daß das im buchstäblichen Sinne zutrifft, ist klar, doch ist das, was sich geistig verstehen läßt, nicht weniger wahr, nämlich daß die Seele, wenn sie aus der Sünde herausgeht, ihrer Potenz nach heilig und frei wird.»

Was den Stil der Bibel betrifft – abgesehen von gewissen Abwandlungen, die hier ohne Bedeutung sind –, so ist es wichtig zu verstehen, daß der heilige, also übermenschliche Charakter der Schrift sich nicht unbedingt in der Sprache, die ja notgedrungen eine menschliche Sprache ist, zu manifestieren vermag: Die göttliche Eigenschaft, um die es sich handelt, erscheint eher im Reichtum der abgestuften

Bedeutungen und in der wunderwirkenden Kraft des gedachten, gesprochenen und geschriebenen Worts.

Und das ist ebenfalls wichtig: Die heiligen Schriften sind nicht heilig wegen des Gegenstandes, den sie behandeln, noch wegen der Art und Weise, wie sie ihn behandeln, sondern allein aufgrund ihrer göttlichen Herkunft; sie ist es, die den Inhalt des Buches bestimmt, und nicht umgekehrt. Die Bibel mag von vielen Dingen außer Gott sprechen, ohne deshalb weniger heilig zu sein, während andere Bücher von Gott und den höchsten Dingen sprechen mögen, ohne darum Gotteswort zu sein.

Der scheinbar unzusammenhängende Charakter mancher heiliger Schriften rührt im ganzen genommen von dem Mißverhältnis zwischen der göttlichen Wahrheit und der menschlichen Sprache her: Es ist, als zerbräche diese Sprache unter dem Druck des Unendlichen in tausend zusammenhanglose Scherben, oder als verfügte Gott nur über wenige Wörter, um tausend Wahrheiten auszudrücken, was ihn zu allerlei Umschreibungen und Andeutungen zu nötigen scheint.

Nach den Rabbinern «spricht Gott bündig»: Auch das erklärt die von vornherein unverständlichen Zusammenfassungen der heiligen Sprache, ebenso wie das Sichüberlagern der verschiedenen Bedeutungen, von dem oben die Rede war. Es ist die Aufgabe der orthodoxen, durch Eingebung befähigten Ausleger, die allzu bündigen Sprüche durch die unausgesprochen in ihnen enthaltenen Aussagen zu ergänzen, oder auch anzugeben, in Bezug auf was oder in welchem Sinne diese oder jene Äußerung zu verstehen sei, sodann die verschiedenen Symbole zu erklären und so weiter. Der orthodoxe Kommentar der Thora und nicht ihr Wortlaut hat Gesetzeskraft: Man pflegt zu sagen, daß die Thora «verschlossen» sei und daß die Weisen sie «öffnen»; dieses «verschlossene» Wesen der Thora aber ist es, das von Anfang an den Kommentar, die Mischna, erforderte, die in der Stiftshütte gegeben wurde, als Josua sie dem Sanhedrin überantwortete. Es wird ebenfalls gesagt, daß Gott die Thora am Tage und die Mischna des Nachts gab und daß die Thora in sich selbst unendlich sei, die Mischna aber unerschöpflich durch ihren dauernden Fluß. Es sei auch bemerkt, daß es zwei hauptsächliche Stufen der Eingebung gibt, oder gar drei, wenn man jene der orthodoxen Kommentare hinzurechnet. Das Judentum drückt den Unterschied zwischen den beiden erstgenannten Stufen dadurch aus, daß es die Eingebung Mosis mit einem leuchtenden Spiegel und die der anderen Propheten mit einem dunklen Spiegel vergleicht.

Die beiden Schlüssel der Bibel, sagten wir, sind die Begriffe der Symbolik und der Offenbarung. Die Offenbarung ist allzuoft in einem psychologischen und damit rein naturalistischen und relativistischen Sinne aufgefaßt worden; in Wirklichkeit ist sie das blitzartige Hereinbrechen einer Erkenntnis, die nicht etwa aus einem einzelmenschlichen oder kollektiven Unterbewußten kommt, sondern im Gegenteil von einem Überbewußtsein, das wohl in allen Wesen latent vorhanden ist, aber alle ichhaften und psychologischen Ausprägungen unermeßlich übersteigt. Mit dem Wort, daß «das Himmelreich in euch» ist, wollte Christus nicht etwa sagen, daß der Himmel – oder Gott – psychologischer Natur sei, sondern einfach, daß sich der Zugang zu den himmlischen und göttlichen Wirklichkeiten für uns in der Mitte unseres Wesens befindet. Und aus derselben Mitte quillt die Offenbarung, wenn es in der menschlichen Welt einen zureichenden Grund dafür gibt, daß sie hervortritt und daß deshalb auch ein vorbestimmtes menschliches Gefäß dafür vorhanden sei.

Doch die wichtigste Grundlage von all dem, was wir gesagt haben, ist offenbar die Annahme einer geistigen Lichtwelt, die dem Bewußtsein aller Menschen «zugrunde liegt» und es zugleich übersteigt. Die Erkenntnis dieser Welt oder dieser Sphäre ist nicht denkbar ohne die Leugnung sowohl jener Anschauungsweise, die alles im Menschen auf psychologischer Grundlage erklären will, wie auch der modernen

Entwicklungslehre, die eine Art aus der anderen ableitet. Mit anderen Worten: Diese beiden Irrlehren sind nichts anderes als ein Ersatz, der das Nichtvorhandensein jener Erkenntnis auszugleichen hat.

Wenn man sagt, die Bibel sei zugleich symbolisch und geoffenbart, so bedeutet das also einerseits, daß sie vielseitige Wahrheiten in einer mittelbaren und bildhaften Sprache ausdrückt, und andrerseits, daß ihre Quelle weder die sinnliche Welt noch die psychologische und verstandesmäßige Ebene ist, sondern ein Bereich von Wirklichkeit, der diese beiden Ebenen übersteigt und in unermeßlicher Weise umfaßt, zugleich aber dem Menschen grundsätzlich zugänglich ist, ausgehend von dessen geistiger oder mystischer Wesensmitte, dem «Herzen», wenn man so will, oder dem reinen Intellekt. Dieser ist es, der in seinem Grunde selbst die unmittelbar einleuchtende Gewißheit jenes Wirklichkeitsbereichs enthält und also auch dessen Beweis erbringt, wenn diese Bezeichnung auf der Stufe der unmittelbaren und teilhabenden Erkenntnis noch einen Sinn hat.

Das sozusagen klassische Vorurteil des Wissenschaftsglaubens oder auch, anders ausgedrückt, sein methodischer Mangel besteht darin, daß er eine übersinnliche und den Verstand übersteigende Erkenntnis leugnet und folglich auch die Ebenen von Wirklichkeit leugnet, auf die sich diese Erkenntnis bezieht und aus welchen eben Offenbarung und geistige Innenschau quellen.

Diese Innenschau ist – grundsätzlich – für den einzelnen Menschen das, was die Offenbarung für die Gemeinschaft ist. Wir sagen grundsätzlich, denn tatsächlich hat der Mensch keinen Zugang zur unmittelbaren Erkenntnis – oder zur Gnosis –, es sei denn aufgrund der bereits vorhandenen geschriebenen Offenbarung. Was die Bibel als den Fall des Menschen oder als den Verlust des Paradieses beschreibt, trifft auf unsere Trennung von der Ganzheit des Geistes zu; deshalb steht geschrieben: «Das Himmelreich ist inwendig in euch» und: «Klopfet an, so wird euch aufgetan.»

Die Bibel ist die komplexe und geheimnisvolle Konkreti-
sierung jenes allumfassenden Geistes oder jenes Logos: Also
ist sie die zu Bildern und Rätseln geronnene Äußerung dessen, was wir in einer fast unerreichbaren Tiefe im Herzen
tragen; und die Ereignisse der heiligen Geschichte – wo
nichts dem Zufall überlassen ist – sind ihrerseits die kosmischen Äußerungen der unergründlichen göttlichen Wahrheit.

ANMERKUNGEN

1. «Siehe den Mann, siehe ihn, von dessen verheißenem Kommen du so oft gehört hast, Cäsar Augustus, Sohn eines Gottes, der das goldene Zeitalter von neuem in den Feldern, wo Saturn einst geherrscht hat, begründen und sein Reich bis über die Garamanten und die Inder ausdehnen wird» (*Äneis*, VI, 791–795). Cäsar bereitete eine Welt für das Reich Christi vor. Es ist beachtenswert, daß Dante die Mörder Cäsars in die tiefste Hölle versetzt hat, zusammen mit Judas (siehe «Divus Julius Caesar» von Adrian Paterson, in: *Etudes Traditionelles*, Paris, Juni 1940).

2. Dante scheute sich nicht, diesen übermenschlichen Ursprung zur Begründung seiner Lehre vom Kaisertum anzuführen.

3. Das war ohne allen Zweifel bei Konstantin wie auch bei Karl dem Großen der Fall.

4. Beiläufig sei bemerkt, daß eine merkwürdige Beziehung zwischen dem kaiserlichen Amt und der Rolle des Hofnarren besteht, und damit scheint zusammenzuhängen, daß die Tracht des Narren ebenso wie die gewisser Kaiser mit kleinen Glöckchen geschmückt war – wie auch der heilige Rock des Hohenpriesters. Die Rolle des Narren war ursprünglich die, öffentlich das zu sagen, was sonst niemand sagen durfte, so daß der Narr in eine Welt, die unter dem Zwang strenger gesellschaftlicher Regeln stand, ein Element von Wahrheit einführte, und diese Rolle erinnert einen unwillkürlich an die Gnosis oder die Esoterik, weil sie auf ihre Weise die «Formen» im Namen des «Geistes» durchbricht, der «weht wo er will». Nur die Narrheit kann es sich erlauben, grausame Wahrheiten auszusprechen und Götzen anzutasten, und das, eben weil sie außerhalb gewisser menschlicher Bindungen steht, was wiederum beweist, daß in dieser Welt theatralischer Künstlichkeit, welche die Gesellschaft ist, die bloße Wahrheit als Narrheit erscheint. Das ist zweifellos auch der Grund, warum die Rolle des Hofnarren schließlich der Welt der Förmlichkeit und der Scheinheiligkeit zum Opfer fiel: Der kluge Narr mußte dem Possenreißer weichen, dessen man allerdings bald überdrüssig wurde.

5. Man könnte meinen, daß der geistliche Verfall der Römer einer kaiserlichen Sendung hinderlich sein mußte, doch dem war nicht so, weil die Römer eben jene Eigenschaften von Stärke und Großmut – oder Duldsamkeit – besaßen, die für diese schicksalhafte Sendung nötig waren. Rom verfolgte die Christen, weil sie all das bedrohten, was in den Augen der alten Welt Rom zu Rom machte; hätte Diokletian den Erlaß des Theodosius voraussehen können, der die römische Religion abschaffte, so hätte er nicht anders gehandelt, als er es tat.

6. Das sogenannte «neue Bauen» unserer Zeit behauptet, den «Funktionen» gemäß zu sein, ist es aber nur zum Teil und in einer ganz äußerlichen und ober-

flächlichen Weise, da es jene Funktionen, die nicht bloß stofflich oder praktisch sind, verkennt: Es schließt zwei Elemente aus, die für alle menschliche Kunst wesentlich sind, nämlich die Sinnbildlichkeit, die ebenso streng ist wie die Wahrheit, und die zugleich beschauliche und schöpferische Freude, die ebenso zwangfrei ist wie die Gnade. Ein rein auf Nutzen hinzielender «Funktionalismus» ist völlig unmenschlich in seinen Voraussetzungen und in seinen Ergebnissen, denn der Mensch ist nicht ein ausschließlich gieriges und listiges Geschöpf, er kann sich im Mechanismus eines Uhrwerks nicht wirklich zu Hause fühlen. Es ist deshalb nicht verwunderlich, daß der Funktionalismus selbst das Bedürfnis empfindet, mit allerlei willkürlichem Zierwerk zu protzen, das man in höchst paradoxer Weise zu rechtfertigen trachtet, indem man schamlos behauptet, es gehöre zum «Stil».

7. Im Falle Griechenlands und Ägyptens liegen die Dinge viel weniger ungünstig als in dem des nachsumerischen Mesopotamien oder Kanaans; die Griechen besaßen wie die Ägypter eine vollständige Jenseitslehre und eine verhältnismäßig einflußreiche Exoterik. Der Pharao der Bibel scheint eher einen Einzelfall als den Typus der Pharaonen darzustellen; nach Clemens von Alexandrien verdankte Plato viel den ägyptischen Weisen. Der am wenigsten ungünstige Kasus unter den vormonotheistischen Kulturen des Nahen Ostens war vielleicht Persien, dessen alte Überlieferung heute noch in Indien in der Form des Parsismus weiterlebt. Die Muslime haben eine besondere Hochschätzung für Cyrus wie auch für Alexander den Großen; sie verehren auch die Frau Pharaos als Heilige.

8. Ihr Name sei hier als bloßes Sinnbild angeführt, wegen der Gedankenverbindungen, die das Wort «Babylon» erweckt, und nicht um darzutun, daß sie notwendigerweise die Schlechtesten oder etwa die einzig Schlechten gewesen seien.

9. Mencius scheute sich nicht, im Hinblick auf die Gesellschaft zu sagen: «Kummer und Not bringen Leben, Reichtum und Lust aber Tod.» Dies ist das beinahe biologische Gesetz der Rhythmen in lapidaren Worten ausgedrückt oder das Gesetz des Baumschnitts. Auf dasselbe Gesetz beriefen sich die Rothäute, um den Versuchungen und dem Zwang der weißen Kultur zu begegnen.

10. Hier sei folgende, heute seltsam vergessene Stelle des Neuen Testaments erwähnt: «Liebet nicht diese Welt, noch das, was in der Welt ist. So jemand die Welt liebt, ist die Liebe des Vaters nicht in ihm» (*Johannes* II, 15). – Der heilige Franz von Sales spricht zur menschlichen Seele mit diesen Worten: «Gott hat dich nicht in diese Welt gestellt, weil er dich, die du Ihm ganz unnütz bist, irgendwie brauchte, sondern nur um in dir Seine Güte kundzutun, indem er dir Seine Gnade und Seine Herrlichkeit verleiht. Darum hat Er dir die Vernunft gegeben, um Ihn zu erkennen, und das Gedächtnis, um dich Seiner zu erinnern ... Da du zu diesem Zwecke erschaffen und in diese Welt gestellt wurdest, müssen alle Taten, die dem zuwider sind, verworfen und vermieden, und die, welche diesem Zweck dienen, als eitel und überflüssig verachtet werden. – Betrachte das Unglück der Welt, die nicht daran denkt, sondern so lebt, als glaubte sie, sie sei nur darum erschaffen worden, um Häuser zu bauen, Bäume zu pflanzen, Reichtümer anzusammeln und eitle Reden zu führen» (*Einführung zum gottesfürchtigen Leben*, Kap. X).

11. Eine Wahrheit kann unnütz sein im Hinblick auf gewisse Umstände oder auf die Unfähigkeit des Empfängers oder einer Art von Empfängern; sie kann auch auf einer unwichtigen Ebene liegen und keinen Zweck haben; es versteht sich von selbst, daß wir hier normale Möglichkeiten und logische Beziehungen im Auge haben.

12. Was die Ungläubigen angeht, so waren sie nicht gefährlich genug – weder für die Protestanten noch für die Katholiken, um als Ursache einer gefühlsmäßigen Annäherung der beiden Bekenntnisse zu dienen.

13. Pius XII. hatte deshalb recht, als er die Kreuzzüge als «Familienzwist» bezeichnete. Wenn die islamische Drohung die durch Schisma und Ketzereien entzweiten Christen nicht zu vereinigen vermochte, so lag das daran, daß diese Drohung nur von außen her kam und nicht von innen wie der Wissenschaftswahn. Unter arabischer oder türkischer Herrschaft blieben die Christen Christen, während der Wissenschaftswahn die Kirchen selbst in christlichen Ländern leer fegt. Im 19. Jahrhundert fand die erste Laienregierung Griechenlands nichts Besseres zu tun, als mehrere hundert Klöster zu schließen, welche die Muslimen nicht angetastet hatten.

14. Nichts ist falscher als die übliche Gegenüberstellung von «Idealismus» und «Realismus», womit man im allgemeinen andeuten will, daß das «Ideale» nicht «wirklich» sei, und umgekehrt; als ob ein Ideal, das außerhalb der Wirklichkeit liegt, den geringsten Wert besäße, und als ob die Wirklichkeit immer auf einer niedrigeren Ebene als das, was man «ideal» nennen mag, liegen würde; wer immer dieser Meinung ist, denkt in einer quantitativen und nicht qualitativen Weise. Wir haben hier den landläufigen Sinn dieser Ausdrücke und nicht ihre spezifisch philosophische Bedeutung im Auge.

15. In einem ähnlichen Sinn, aber im Hinblick auf eine höhere Daseinsebene wird das Paradies *Sukhavati* von einem goldenen Netz umgeben dargestellt; es ist, als sei es am *Nirvâna* aufgehängt, gleich einem glückseligen Gefängnis, das vom Leiden abschirmt und sich nur in der Richtung auf die völlige Freiheit hin öffnet.

16. Im gewöhnlichen Sprachgebrauch hat das Wort «objektiv» meistens die Bedeutung von «unparteiisch»; es versteht sich von selbst, daß es im vorliegenden Zusammenhang nicht in diesem abgeleiteten Sinne gemeint ist.

17. Die europäischen Fürsten des 19. Jahrhunderts machten fast verzweifelte Anstrengungen, um die steigende Flut der Demokratie, die sie selber schon zum Teil und gegen ihren eigenen Willen vertraten, einzudämmen. Diese Anstrengungen waren umsonst, da ihnen das Gewicht fehlte, das allein den Ausgleich zu schaffen vermocht hätte und nichts anderes ist als die Religion, die einzige Quelle der Rechtmäßigkeit und Kraft der Fürsten. So kämpfte man für die Bewahrung einer im Grunde glaubensmäßigen Ordnung und vertrat gleichzeitig diese Ordnung in einer Weise, die sie verleugnete; selbst die Kleidung der Könige und all die anderen Formen, mit denen sie sich umgaben, verkündeten laut den Zweifel, die Gleichgültigkeit in geistigen Dingen, das Dämpfen der Glaubensflamme, die bürgerliche und alltägliche Weltlichkeit. Das war in einem geringeren Maße schon im 18. Jahrhundert so, wo die Tracht, die Baukunst und das Handwerk, wenn nicht demokratische Neigungen, so doch eine Weltlichkeit ohne Größe und von seltsam süßlichem Geschmack ausdrückten; zu jener unglaublichen Zeit hatten alle Männer das Aussehen von Lakaien, die Adligen um so mehr, als sie adlig waren; ein Regen von Reispuder schien sich auf eine Welt des Traums herabgesenkt zu haben. In diesem halb zierlichen, halb verächtlichen Weltall von Marionetten mußte die Revolution ausbrechen, die nur den bereits vollzogenen Selbstmord der Glaubensgesinnung und der Größe für ihre Zwecke nutzte; diese Welt der Perücken war allzu unwirklich. Ähnliche Anmerkungen mit den Einschränkungen, welche den noch sehr verschiedenen Bedingungen Rechnung tragen, gelten auch für die Renaissance und das Ende des Mittelalters;

die Ursachen des Hinabgleitens sind – im Hinblick auf die unbedingten Werte – immer dieselben.

18. So macht man zum Beispiel die «Psychoanalyse» eines Scholastikers oder sogar eines Propheten, um ihre Lehre «einzuordnen» – es erübrigt sich, den ungeheuerlichen Hochmut zu betonen, der in einem solchen Vorgehen liegt –, und schält mit einer ganz mechanischen und völlig unwirklichen Logik die «Einflüsse» heraus, welche jene Lehre erfahren haben soll. Dabei scheut man sich nicht, Heiligen allerhand künstliche oder gar trügerische Verfahren zuzuschreiben, vergißt aber mit satanischer Unfolgerichtigkeit, ebendieses Urteil auf sich selber anzuwenden und die eigene – vorgeblich «objektive» – Stellung auf Grund von psychoanalytischen Kriterien zu erklären. Kurz, man behandelt Weise, als wären sie krank, und hält sich selbst für einen Gott. Im gleichen Zusammenhang behauptet man auch schamlos, daß es keine unverrückbaren Grundbegriffe gebe; sie entsprängen nur grammatikalischen Vorurteilen – also der Dummheit der Weisen, die an sie glaubten – und hätten nur das «Denken» seit Jahrtausenden unfruchtbar gemacht usw. Es geht darum, ein Höchstmaß an Unsinn mit einem Höchstmaß an Philosophie auszudrücken.

19. Ein zeitgenössischer Schriftsteller, dessen Name uns entfallen ist, hat geschrieben, der Tod sei etwas «eher Dummes», und diese kleine Frechheit ist jedenfalls ein typisches Beispiel für die in Frage stehende Gesinnung. Dieselbe Anschauungsweise – oder derselbe Geschmack – kommt in der jüngst begegneten Bemerkung zum Ausdruck, daß eine gewisse Person durch ein «idiotisches Unglück» umgekommen sei. Stets ist es die Natur, das Schicksal, der Wille Gottes oder die objektive Wirklichkeit, die geschmäht werden; die subjektive Wirklichkeit dagegen wird als das Maß aller Dinge hingestellt, und was für eine subjektive Wirklichkeit!

20. Das heißt, wenn man die in diesem Falle angemessenen geistigen Maßstäbe anwendet, da es sich ja um «Philosophie» handelt.

21. Diese Unterscheidung ist nötig, um dem Einwand vorzubeugen, daß die Wissenschaft mit Elementen arbeite, die unseren Sinnen nicht direkt zugänglich sind.

22. Nicht alle Wissenschaftler leugnen diese Wirklichkeiten, aber die Wissenschaft als solche tut es, und das ist hier ausschlaggebend.

23. Der Begriff «Sinnbild» oder «Symbol» schließt die Bedeutung von «Teilhaftigkeit» oder «Aspekt» in sich, egal was für ein Unterschied an Wirklichkeitsstufen vorausgesetzt werde.

24. Man darf nicht vergessen, daß Gott als Über-Sein oder als überpersönliches Selbst an und für sich absolut ist, während das Sein oder die göttliche Person wohl im Verhältnis zu Seiner Kundgebung oder zu Seinen Geschöpfen absolut ist, nicht aber an Sich, noch im Verhältnis zum Geist, der «in die Tiefen der Gottheit eindringt».

25. Es gibt Katholiken, die sich nicht scheuen, solche Meinungen im Hinblick auf die griechischen Kirchenväter und die Scholastiker zu hegen, zweifellos um damit irgendein Minderwertigkeitsgefühl aufzuwiegen.

26. In Wahrheit ist Gott nicht «daseiend», weil sich ja seine Wirklichkeit nicht auf das Dasein der Dinge beschränken läßt. Um darzutun, daß dieser Vorbehalt nichts Verminderndes hat, müßte man eigentlich sagen, daß Gott «nicht nicht-daseiend» ist.

27. Diese Auffassung beschränkt sich auf die Wahrnehmung der Welt und der Dinge und ist also durchaus mittelbar.

28. Man vergißt dabei, daß die Weisen oder die Philosophen, die das geistige Leben der Jahrhunderte oder der Jahrtausende bestimmt haben – wir sprechen nicht einmal von den Propheten –, sich niemals «einsetzten» oder vielmehr, daß ihr «Einsatz» eben in ihrem Werk lag, was völlig genügt; das Gegenteil anzunehmen hieße, das Erkennen oder die geistige Schau auf das Tun zurückzuführen, was ganz im Sinne der Existentialisten wäre.

29. Ein Ausspruch des Propheten Mohammed lautet: «Ich nehme Zuflucht bei Gott vor einem Wissen, das mir nichts nützt», und ein anderer: «Es gehört zum Adel des Gläubigen, daß er sich nicht mit etwas abgibt, das ihn nicht betrifft.» Man muß in der ursprünglichen Unschuld verweilen und das Weltall nicht im einzelnen erkennen wollen. Dieser Durst nach Wissen hält, wie der Buddha gesagt hat, den Menschen im *Samsâra* zurück.

30. «Ihr seid vom Wunsche, immer mehr zu besitzen, beherrscht...» (*Koran* CII, 1).

31. Der Mond dagegen ist das Gehirn, das – wenn die Sonne das Sein darstellt – makrokosmisch der die Mitte der Manifestation einnehmenden Spiegelung des göttlichen Prinzips entspricht, einer Spiegelung, die wegen ihrer Bedingtheit den kosmischen Kreisläufen gehorchend zu- und abnehmen kann. Diese Entsprechungen sind so vielseitig – ein und dasselbe Element kann die verschiedensten Bedeutungen haben –, daß wir sie hier nur streifen können. Es mag genügen, noch hervorzuheben, daß die Sonne ebenfalls und notgedrungen den manifestierten göttlichen Geist darstellt und daß sie deshalb «abnehmen» muß, indem sie untergeht, und «zunehmen», indem sie aufgeht; sie spendet Licht und Wärme, weil sie das göttliche Prinzip ist, und sie geht unter, weil sie es bloß manifestiert. Der Mond ist in diesem Fall die weitere Spiegelung dieser Manifestation. Christus ist die Sonne, und die Kirche ist der Mond; «es ist euch nützlich, daß ich gehe», aber «des Menschen Sohn wird wiederkommen».

32. Es ist der Ausdruck, den René Guénon im Hinblick auf die Verwirklichung der «höchsten Einung» angewandt hat. Es ist einleuchtend, daß die *deificatio* in umgekehrtem Sinne ihrem äußersten Gegenpol, der *creatio*, gleicht.

33. Es handelt sich nicht ausschließlich um eine *bhakti*, einen Weg der Liebe und des Opfers, sondern ganz einfach darum, Gott der Welt vorzuziehen, wie auch immer die Art und Weise dieses Vorziehens sein mag; die «Liebe» im biblischen Sinne bezieht also auch die Gnosis mit ein.

34. Mit Recht sah Fénelon in der Gleichgültigkeit die schwerwiegendste Krankheit der Seele.

35. Die *ghâfilûn* des Korans.

36. 1. III, 16.

37. Das ist es, was die Tragödie Hamlets zum Ausdruck bringt: Es gab da Tatsachen und allerlei Situationen, die Taten forderten, der Shakespearesche Held aber schaute durch all das hindurch, er sah nur die Grundsätze oder Ideen. Er versank in den Dingen wie in einem Sumpf; ihre Eitelkeit selbst oder ihre Unwirklichkeit hinderte ihn daran zu handeln, löste sein Tun auf. Er stand nicht bloß diesem oder jenem Übel, sondern dem Übel an sich gegenüber, und er zerbrach am Unbestand, am Unsinn, an der Unfaßbarkeit der Welt. Das geistige Schauen löst entweder vom Tun ab, indem es die Gegenstände des Tuns verschwinden läßt, oder aber es macht das Tun vollkommen, indem es Gott im Täter zur Erscheinung bringt. Die Beschaulichkeit Hamlets hatte die Welt entlarvt, doch war sie noch nicht in Gott verwurzelt; sie war wie zwischen zwei Wirklichkeitsebenen in der Schwebe. In gewissem Sinn ist das Drama Hamlets das der *nox profunda*.

Mehr äußerlich gesehen ist es wohl auch das Drama des Beschaulichen, der zur Tat genötigt wird, ohne daß er die Berufung dazu hätte. Ganz gewiß ist es ein Drama der Tiefe angesichts der Unsinnigkeit der menschlichen Komödie.

38. Des «Christus in mir», wie Paulus gesagt hat.

39. Das entspricht der sufischen Dreiheit von «Anrufendem, Anrufung und Angerufenem» *(dhâkir, dhikr, Madhkûr)*.

40. Bei gewissen geistigen Methoden spielt der *Guru* die Rolle Gottes, was angesichts der Gegebenheiten und Unwägbarkeiten der betreffenden geistigen Umwelt praktisch auf dasselbe hinausläuft.

41. Es versteht sich von selbst, daß dieses Eigenschaftswort, das hier denselben Sinn wie «tödlich» hat, nur eine vorläufige und vergleichende Rolle spielt, wenn es im Rahmen der Bedingtheit selber verwendet wird.

42. Auch der Islam kennt diesen Standpunkt, wie es die koranische Geschichte bezeugt, in der ein Weiser bei seinem Schüler Ärgernis erregt durch Handlungen, die eine geheime Absicht bergen, äußerlich aber unrechtmäßig sind.

43. Genauer gesagt: die den «Vorschriften», wie sie im Hindutum und auf abendländischer Seite vor allem im Judentum vorkommen, widersprechen; es kann sich dabei nicht um schwerwiegende Vergehen wider die öffentliche Ordnung handeln.

44. Das nimmt notwendigerweise auch das Christentum an, doch beharrt es weniger darauf.

45. Man könnte sich die Frage stellen, ob es sich in diesem Fall noch um ein «Sittlichkeitsgesetz», eine «Moral» im eigentlichen Sinne des Wortes handelt, doch läuft das auf eine bloße Frage der Ausdrucksweise hinaus, die nun, da wir die betreffenden Weisen gekennzeichnet haben, keine Rolle mehr spielt.

46. Der Islam spiegelt seinem parakletischen Charakter gemäß diese Sicht, die übrigens die des *Vedânta* und jeder anderen Form von *Gnosis* ist, in semitischer und glaubenshafter Weise und verwirklicht sie um so müheloser in seiner Esoterik; gleich wie der Hellenist stellt sich der Muslim vor allem die Frage: «Was muß ich erkennen oder annehmen, da ich einen Geist habe, der fähig ist, die Wirklichkeit sachlich und in ihrer Ganzheit zu erfassen?» Er fragt sich nicht von vornherein: «Was muß ich wollen, da ich einen freien, aber gefallenen Willen habe?»

47. Pythagoras ist noch arisches Morgenland; Sokrates-Plato dagegen ist nicht mehr ganz dieses Morgenland – das in Wirklichkeit weder «östlich» noch «westlich» ist, da diese Unterscheidung für das archaische Europa keinen Sinn hat –, doch ist er noch nicht ganz Abendland, während mit Aristoteles Europa anfängt, ausgesprochen «abendländisch» zu werden, im gewöhnlichen, kulturgeschichtlichen Verständnis des Wortes. Das Morgenland – oder ein gewisses Morgenland – bricht mit dem Christentum herein, doch trägt schließlich das aristotelische und cäsarische Abendland den Sieg davon, um schließlich sowohl Aristoteles wie Cäsar zu entgleiten, aber nach unten hin. In diesem Zusammenhang sei bemerkt, daß alle modernen theologischen Versuche, den Aristotelismus zu «überwinden», nur nach unten zielen können, da ihre ausgesprochenen und unausgesprochenen Begründungen falsch sind. Was man im Grunde sucht, ist nur eine elegante Kapitulation vor der Maschine, dem aktivistischen und demagogischen Sozialismus, dem zerstörerischen Psychologismus, der abstrakten und surrealistischen Kunst, kurz dem Modernismus in all seinen Formen – diesem Modernismus, der schon lange kein «Humanismus» mehr ist, da er sich mehr und mehr entmenschlicht, oder diesem Individualismus, der immer mehr unter die Ebene

des Individuums hinabsinkt. Die Modernen, die wahrlich weder Pythagoräer noch Vedantiker sind, sind die Letzten, sich über Aristoteles beklagen zu dürfen.

48. Angesichts der Ausdrucksweise der alten Kosmologen muß man der Sinnbildlichkeit Rechnung tragen: Wenn Thales im «Wasser» den Ursprung aller Dinge sieht, handelt es sich aller Wahrscheinlichkeit nach um den Urstoff des Alls – die *Prakriti* der Hindu – und nicht bloß um das sinnliche Element; dasselbe gilt für die «Luft» des Anaximenes von Milet und des Diogenes von Appolonia, wie auch für das «Feuer» Heraklits.

49. In Wirklichkeit ist es ein sprachlicher Mißbrauch, all das, was jenseits der Erscheinungswelt ist, als «abstrakt» zu bezeichnen.

50. Mit anderen Worten: Wenn die einen nicht bestreiten können, daß es Menschen gibt, die sich durch Schwimmen retten, so können die anderen ebensowenig verneinen, daß es Menschen gibt, die nur dadurch gerettet werden, daß man ihnen eine Stange hinhält.

51. Mit Ausnahme der Mexikaner und der Peruaner, die späteren – nach einer gewissen Ausdrucksweise als «atlantisch» bezeichneten – Überlieferungszweigen angehören und deshalb nicht am Bereich des «Donnervogels» teilhaben.

52. Nicht zu verwechseln mit den *Tao-shi*, die beschauliche Mönche sind.

53. Die Trennungslinie zwischen dem *Bön-Po* und dem Lamaismus ist nicht immer scharf, denn die beiden Überlieferungen haben sich gegenseitig beeinflußt.

54. John D. Hunter, *Manners and Customs of Indian Tribes* (Neuausgabe: Minneapolis 1957).

55. Sister M. Inez Hilger, *Chippewa Child Life and its Cultural Background*, Washington 1951. – «Die Religion war das wahre Leben der Stämme, sie durchdrang all ihre Tätigkeiten und all ihre Einrichtungen ... Das überraschendste im Hinblick auf die nordamerikanischen Indianer, über das man sich zu spät erst Rechenschaft gab, ist die Tatsache, daß sie gewöhnlich in der Religion und für sie lebten, in einem Maße, wie es für die Frömmigkeit der Israeliten zur Zeit ihrer Theokratie gilt» (Garrick Mallery, «Picture Writing of the American Indians», in: *10. Annual Report of the Bureau of Ethnography, 1893*). – Ein Verfasser, der sechzig Jahre lang unter den Chocktaw gelebt hat, schrieb: «Ich erhebe für den nordamerikanischen Indianer Anspruch auf die reinste Religion und die erhabensten Auffassungen des Großen Schöpfers ...» (John James, *My Experience with Indians, 1925*). – «All diese Menschen bloß religiös zu nennen, vermittelt nur eine blasse Vorstellung von der tiefen Haltung von Frömmigkeit und Anbetung, die ihr ganzes Benehmen durchdringt. Ihre Ehrlichkeit ist unbefleckt, und ihre reine Absicht sowie die Befolgung der Riten ihrer Religion dulden keine Ausnahmen und sind höchst bemerkenswert. Sie stehen zweifellos einem Volk von Heiligen näher als einer Horde von Wilden» (Washington Irving, *The Adventures of Captain Bonneville, 1837*). – «*Tirawa* ist ein unfaßbarer, allmächtiger und Gutes wirkender Geist. Er durchdringt das Weltall und ist der höchste Herrscher. Von seinem Willen hängt alles ab, was geschieht. Er kann das Gute und das Übel herbeiführen; er kann Erfolg oder Mißerfolg verleihen. Alles wird mit ihm getan ... nichts wird unternommen ohne ein Gebet an den Vater um Hilfe» (George Bird Grimell, «Pawnee Mythology», in: *Journal of American Folklore*, Bd. VI). – «Die Schwarzfüße glauben fest an das Übernatürliche und daran, daß die menschlichen Angelegenheiten von den guten oder bösen Mächten der unsichtbaren Welt gelenkt werden. Der Große

Geist, das Große Geheimnis oder die Gute Macht ist überall und in allen Dingen . . .» (Walter McClintock, *The Old North Trail* London 1910).

56. Im Jahr 1770 verkündete eine Seherin den Sioux Ogalalla, daß der Große Geist über sie erzürnt sei; in den Chroniken in Bildzeichen *(winter counts)* der Ogalalla trägt jenes Jahr die Bezeichnung *Wakan Tanka knashkiyan* («Großer Geist zürnt»); das geschah aber zu einer Zeit, da die Sioux noch nicht vom Monotheismus der Weißen beeinflußt sein konnten.

57. Der Name *Wakan-Tanka* – wörtlich «Großes Heiliges» *(wakan* = heilig) und gewöhnlich übersetzt mit «Großer Geist» oder «Großes Geheimnis» – ist auch mit «Große Mächte» wiedergegeben worden, wobei die Mehrzahl durch den «polysynthetischen» Sinn der Idee gerechtfertigt wird. Es ist jedenfalls nicht ohne Grund, daß die Sioux als die *Unitarians of the American Indians* bezeichnet worden sind.

58. Wir könnten hier von «Transzendentalismus» sprechen, indem wir diesen Ausdruck in seinem eigentlichen Sinn gebrauchen, ohne an die gleichnamige Philosophie von Emerson zu denken. Nebenbei bemerkt, kann man sich übrigens fragen, ob bei Emerson, abgesehen von der deutschen Romantik, nicht ein gewisser, von den Indianern herstammender Einfluß vorliegt.

59. Es ist, kurz gesagt, ein Gegenstück zum *Kami* des *Schintô.*

60. Die Weisen unter den Indianern sind sich des bedingten und scheinhaften Charakters des Kosmos wohl bewußt: «Ich habe mehr gesehen, als ich sagen kann, und mehr verstanden, als ich sah; denn ich schaute auf eine heilige Weise die Schatten aller Dinge im Geist und die Form der Formen, so wie sie zusammen leben sollen, gleich einem einzigen Wesen.» – «Tolles Pferd *(Crazy Horse)* ging in jene Welt, wo es nichts gibt außer den Geistern (den ewigen Urbildern) aller Dinge. Das ist die wirkliche Welt, die hinter dieser (unserer) Welt verborgen ist, und jegliches Ding, das wir sehen, ist etwas wie ein Schatten jener Welt.» – «Ich wußte, daß das Wirkliche fern (von unserer Welt) war, und daß der verdunkelte Traum des Wirklichen hier unten herrschte» (Hehaka Sapa in: *Black Elk speaks*, New York 1932; Neuausgabe Lincoln 1961). – Nach Hartley Burr Alexander ist «der Grundgedanke (der mexikanischen Sagen von *Quetzalcoatl)* derselbe (wie in der Sagenwelt der Rothäute), nämlich der einer beinahe pantheistischen Kraft oder Macht, die sich in den Erscheinungen der gegenwärtigen Welt verkörpert, und deren bloßes Abbild oder Scheinbild diese Welt ist» (*L'art et la philosophie des Indiens de l'Amérique du Nord*, Paris 1926).

61. Luft, Feuer, Wasser, Erde.

62. Trockenheit, Wärme, Feuchtigkeit, Kälte.

63. Wenn man diese ganze Symbolik im Lichte der Alchemie betrachtet, fällt auf, daß bei der vorliegenden Ordnung die beiden sich gegenseitig ergänzenden Kräfte des «Schwefels», der «ausdehnt», und des «Quecksilbers», das «zusammenzieht» und «auflöst», sich im Gleichgewicht befinden; das Feuer in der Mitte des Ganzen entspricht dann dem hermetischen Feuer auf dem Grund des Athanors.

64. Die anderen heiligen Handlungen haben eine mehr gesellschaftliche Rolle.

65. Siehe dazu René Guénon, «Silence et solitude», in: *Etudes Traditionnelles*, März 1949.

66. All diese Riten sind von Hehaka Sapa («Schwarzer Hirsch») beschrieben worden in: *Die Heilige Pfeife*, Olten 1956 – S. H., der Jagadguru von Conjeevaram, der dieses Buch *(The Sacred Pipe)* gelesen hatte, bemerkte zu einem unserer Freunde, daß die Riten der Indianer auffallende Ähnlichkeit mit gewissen vedischen Riten haben.

67. Seitdem die Medizinmänner in Häusern wohnen – sagte uns ein Schoschone –, sind sie unrein geworden und haben viel von ihrer Kraft verloren.

68. Wie im Fall von Hehaka Sapa.

69. Ausgenommen vielleicht bei gewissen sehr entarteten melanesischen Stämmen.

70. Diese Verfahren seien selten geworden – sagte man uns –, weil ihre üblen Auswirkungen dank dem Schutz, den die als Opfer Ausersehenen genossen, allzuoft auf die Schuldigen zurückfielen.

71. Ganz ähnliche Bewegungen sind von Zeit zu Zeit in Peru und in Bolivien aufgetreten, seit der spanischen Eroberung bis zum Beginn unseres Jahrhunderts.

72. Siehe: «The Ghost-Dance Religion» von James Mooney, in: *Fourteenth Annual Report of the Bureau of Ethnology to the Secretary of the Smithsonian Institution*, Washington 1896, sowie: «The Prophet Dance of the Northwest» von Leslie Spier, in: *General Series in Anthropology*, Menasha, Wisconsin, 1935.

73. Zum Leidwesen jener sogenannten «Realisten», die aller Romantik feind sind und nur an das Gemeine glauben. Wenn kein anderes der primitiv genannten Völker eine ebenso starke und dauernde Anziehung ausgeübt hat wie die Indianer, und wenn der Rote Mann für uns gewisse Sehnsüchte verkörpert, die man zu Unrecht als Kinderei bezeichnet hat, so muß er wohl an sich etwas gewesen sein, denn es gibt «keinen Rauch ohne Feuer».

74. Ein «Gottesurteil», nach einem Ausdruck von H. Burr Alexander.

75. Der Sohn von Hehaka Sapa hat uns erzählt, daß es unter den indianischen Kriegern einige gab, die das Gelübde ablegten, im Krieg zu sterben; man nannte sie «die, welche nicht zurückkommen»; sie trugen besondere Abzeichen, namentlich einen mit Federn verzierten Stab, dessen Spitze gebogen war. Wir haben auch bei den Crow von diesen dem Tod Geweihten sprechen hören.

76. «Was man einem Menschen niemals rauben kann», sagte uns ein Sioux, «das ist seine Erziehung; man kann sie ihm nicht wegnehmen, und man kann sie auch nicht kaufen. Jedermann muß sich seinen Charakter und seine Persönlichkeit schaffen; wer sich gehenläßt, wird fallen und selbst dafür verantwortlich sein.» Ebenso bezeichnend ist folgende Überlegung desselben Sprechers: «Wenn der Indianer die Heilige Pfeife raucht, wendet er sich den vier Himmelsrichtungen sowie dem Himmel und der Erde zu, und alsdann muß er über seine Zunge, seine Taten und seinen Charakter wachen.»

77. Die Germanen wohnten in Weilern und die Gallier in Städten, doch waren alle Gebäude aus Holz, was einen grundlegenden Unterschied im Vergleich zu den aus Steinen gebauten Städten der Mittelmeervölker ausdrückt.

78. Last Bull, der verstorbene Wächter der Heiligen Pfeife der Cheyenne erzählte uns eine alte Wahrsagung seines Stammes: Ein Mann komme aus dem Osten mit einem Blatt – oder einer Haut –, das mit Zeichen beschrieben sei; er werde dieses Blatt zeigen und erklären, daß es vom Schöpfer der Welt herrühre; er werde die Menschen, die Bäume und die Kräuter zerstören, um sie durch andere Menschen, andere Bäume und andere Kräuter zu ersetzen.

79. *Mâyâ* ist ein ausschließlich vedantischer Ausdruck, für den sich in der Sprache anderer Überlieferungen kaum ein gleich weit gefaßter Begriff finden läßt.

80. In den drei semitischen Monotheismen umfaßt der Name «Gott» notwendigerweise all das, was dem Urgrund angehört, ohne irgendwelche Einschränkung, wenn auch die exoterischen Glaubenslehren offenbar nur Gott als Sein ins Auge fassen.

81. Es gibt mehrere Aussagen dieser Art. Nach der *Risâlat al-Ahadiyah* hat «Er seine Selbstheit durch Sich selber von Sich selber zu Sich selber gesandt...»

82. Denn in Wirklichkeit ist nichts außerhalb des Unendlichen.

83. Oder: «wollte erkennen», das heißt: in unterscheidender Weise und auf der Ebene der Bedingtheit.

84. Eine solche Ausdrucksweise mag widersinnig erscheinen, doch wird ihre geistige Rolle und ihre metaphysische Tragweite – die dem ebenso widersprüchlichen Begriff des geometrischen Punktes verwandt sind – dem mit unseren Schriften vertrauten Leser nicht entgehen.

85. Nicht so die einfachen und nicht gegensätzlichen Eigenschaften wie die «Einheit», die «Heiligkeit», die «Weisheit», die «Glückseligkeit». Diese Eigenschaften gehören zur Wesenheit; und unsere Weise, sie voneinander zu scheiden, nicht aber ihre innere Natur ist es bloß, die von *Mâyâ* abhängt. Die «Weisheit» ist in der «Heiligkeit» enthalten und umgekehrt, während einander entgegengesetzte Eigenschaften wie die «Strenge» und die «Güte» sich weder aufeinander zurückführen noch vertauschen lassen.

86. In christlicher – wir sagen nicht «theologischer» – Sprache könnte man sagen, daß der Vater sich selbst als Sohn gezeugt hat, auf daß der Sohn zum Menschen werden könne, oder damit Gott zur Welt werden könne.

87. Wir behaupten nicht, daß diese beiden Begriffe gleichbedeutend seien; wenn wir sie nebeneinander stellen, so geschieht das, um anzudeuten, daß *Prakriti*, der Urstoff des Alls, die göttliche «Weiblichkeit» von *Mâyâ* ist. Ihr «männlicher» Aspekt entspricht den göttlichen Namen, die als *Purusha* den Urstoff bestimmen und befruchten, indem sie mit den drei in *Prakriti* enthaltenen Grundstrebungen (den *Gunas: sattwa, rajas und tamas*) zusammenwirken.

88. Das Eigenschaftswort «rein» ist hier nicht überflüssig, wenn man den Begriff des «relativ Absoluten» berücksichtigt, der für uns von höchster metaphysischer oder nur logischer Bedeutung ist.

89. Man findet bei Meister Eckhart, Angelus Silesius, Omar Khayyam und anderen gewisse Aussagen, die das «Dasein» Gottes von dem des Menschen abhängig zu machen scheinen, die aber in Wirklichkeit darauf hinweisen, daß der Geist bis «in die Tiefen der Gottheit» dringt, daß er also die Wirklichkeitsstufe des Seins zu übersteigen vermag.

90. Was auch immer die Spitzfindigkeiten sein mögen, mit welchen man den Begriff der Materie zu «übersteigen» vorgibt und die ihn bloß auf derselben Stufe von Wirklichkeit verschieben.

91. Wir nehmen hier ein Thema wieder auf, das wir bereits im Kapitel «Der Sündenfall des Geistes» behandelt haben und das von grundlegender Bedeutung ist.

92. Die nicht manifestierte *Mâyâ* ist, wie wir bereits sagten, das Sein, *Ishwara*.

93. *Black Elk* (*Hehaka Sapa* oder «Schwarzer Hirsch») in *Black Elk Speaks*, New York 1932.

94. Man muß stets den Unterschied zwischen dem «relativ Absoluten», welches das schöpferische Sein ist, und dem «reinen Absoluten», welches das Nicht-Sein, die Wesenheit oder das Selbst ist, im Sinn behalten; daraus ergibt sich auch der Unterschied zwischen dem «Weltende» und der Apokatastase oder zwischen dem *pralaya* und dem *mahâpralaya*.

95. Das entspricht genau den buddhistischen *Mandalas* der «Daseinsrunde» oder des «Rads der Dinge». Das *Samsâra* ist zugleich ein Kreis und eine Kreisbewegung.

96. In einem ähnlichen Sinne sagen die Buddhisten: *Shûnya* (die «Leere» oder die Welt) ist *Nirvâna* (die Auslöschung oder das Unbedingte), und *Nirvâna* ist *Shûnya*.

97. Nichts liegt dem *homo islamicus* ferner als eine titanische und schöpferische Geisteshaltung, und nichts widerspricht mehr seiner Sensibilität für Formen als die massigen, gigantischen und erdrückenden Zusammenballungen der Renaissance oder der ungesunde Schwulst des Barocks. Die heilige Armut der Wüste setzt sich in der islamischen Kultur als eine geistige Armut fort, die selbst den Reichtum in eine erfrischende Eintönigkeit verwandelt und die auf einem ganzen Teil des Erdballs die schöpferische Hysterie des Menschen entkräftet und durch eine Art seliger Gleichgültigkeit ersetzt hat.

98. Ali war zweifellos ein Heiliger und ein Held ersten Ranges, er war jedoch kein Staatsmann; sein Gegner Moawiyah, der Gründer der omayyadischen Dynastie, war gewiß weder ein Heiliger noch ein Held, aber ein gewandter Politiker und ein fähiger Verwalter. Wenn Ali, wie das Moawiyah dachte, den Bannfluch verdient hätte, oder wenn die drei ersten Kalifen ihn verdient hätten, wie es die Gegenpartei denkt, so fiele der ganze Islam mit ihnen, denn man kann sich keine Religion vorstellen, deren hauptsächliche Baumeister Verräter wären; einer von ihnen, Abû Bakr, ist sogar vom Koran verewigt worden (Sure der «Reue», 40).

99. Es ist für einen Abendländer schwierig zu verstehen, daß ein Mann der geistigen Schau wie Hassan, der Sohn Alis, eine Frau nach der anderen heiraten konnte, nicht aus Lust an der Trennung, sondern um den Samen des Propheten zu verbreiten, was er als sein besonderes Amt betrachtete; er fiel dem Haß der Omayyaden zum Opfer, die sehr darauf bedacht waren, die Aliden als die gegnerischen Anwärter auf das Kalifat auszurotten. Man muß wissen, daß der Prophet seiner Gemeinde nicht nur den Koran und die Sunna, sondern auch seine Familie (*âl*), die Sherifen oder Seyyiden, hinterlassen hat, deren Gegenwart mittelbar und kraft einer segnenden Ausstrahlung die Gegenwart von Mohammed selbst fortsetzt. Der Schiismus legt übrigens die Hauptbetonung auf dieses Element.

100. Es wäre ein übler Scherz, diese Erneuerer «Reformatoren» zu vergleichen, deren Rolle geradezu umgekehrt ist.

101. Wir erinnern uns nicht mehr, wer gesagt hat, wenn der heilige Franz von Assisi nicht gekommen wäre, hätte Christus wiederkommen müssen; es ist dies jedenfalls eine sinnbildliche Ausdrucksweise, die recht anschaulich das hier gemeinte geistige Amt umschreibt.

102. Philo von Alexandrien war ein Platoniker, kein Kabbalist.

103. Wir unterstreichen hier bloß die psychologische Unmöglichkeit, ohne dem offenbaren Umstand Rechnung zu tragen, daß eine Religion eine im höchsten Maße vorsehungsmäßige Erscheinung ist und sich deshalb Bote und Botschaft nicht voneinander trennen lassen.

104. Dort verfaßte und veröffentlichte der Heilige mit Einverständnis des Kalifen seine berühmte Abhandlung zur Verteidigung der Ikonen, die der bilderfeindliche Kaiser Leo III. verboten hatte.

105. Als Gefangener der Türken während eines Jahres hatte er freundschaftliche Gespräche mit dem Sohn des Emirs, bekehrte sich aber nicht, so wenig wie der türkische Prinz sich zum Christentum bekehrte.

106. Noch heute verehren die Muslime von Kaschmir Lallâ, die tanzende Schiwaitin, gleich einer islamischen Heiligen neben Seyyid Ali; die Hindus teilen diese doppelte Verehrung mit ihnen. Die Lehre der Heiligen ist in einem ihrer Lieder zusammengefaßt: «Mein Guru hat mir eine einzige Vorschrift gegeben. Er

hat mir gesagt: Von außen dringe in dein Innerstes ein. Das ist für mich eine Regel geworden; darum tanze ich nackt» (*Lallâ Vâkyâni*, 94).

107. «Selig sind, die da geistlich arm sind; denn das Himmelreich ist ihr» (*Matthäus* V, 3). – «Eure Rede aber sei: Ja, ja; nein, nein; was darüber ist, das ist vom Übel» (ibid. V, 37). – «Es sei denn, daß ihr euch umkehret und werdet wie die Kinder, so werdet ihr nicht ins Himmelreich kommen» (ibid. XVIII, 3). – «Selig sind, die nicht sehen und doch glauben» (*Johannes* XX, 29).

108. Namen Gottes im Koran: *Ezh-Zhâhir* und *El-Bâtin*, *El-Awwal* und *El-Akhir*.

109. Die moderne Philosophie ist die Auflösung der selbstverständlichen Wahrheiten, also im Grunde der Erkenntnis überhaupt; es handelt sich nicht mehr um irgendeine Stufe von *sophia*, sondern eher um eine *misosophia*.

110. Wenn auch die göttliche Natur jenseits aller moralischen Bestimmungen ist.

111. Das heißt, daß sich nichts außerhalb der alleinigen Wirklichkeit befinden kann.

112. «Alles, was entsteht, ist wert, daß es zugrunde geht», sagt Goethe im *Faust*, wobei er übrigens die zerstörende Gewalt zu Unrecht dem Teufel zuschreibt, dessen Rolle sich in Wirklichkeit auf das Verkehren und Aufrühren beschränkt.

113. Wir gebrauchen diesen Ausdruck stets im etymologischen Sinn und ohne Rücksicht auf all das, was im geschichtlichen Sinn als «Gnostizismus» bezeichnet werden mag. Wir haben die Gnosis als solche im Auge und nicht ihre als Scheinreligionen auftretenden Entgleisungen.

114. Nicht umsonst kennzeichnen die Vedantiker das Nichtwissen damit, daß man «ein Seil für eine Schlange halte».

115. Die jüngsten wissenschaftlichen Thesen über die Materie «verfeinern» vielleicht deren Auffassung, übersteigen aber keineswegs ihre Seinsebene.

116. Sie ist nicht wirklich «genau», da sie jene Dinge, die sie nicht auf ihrer Ebene und mit ihren Hilfsmitteln beweisen kann, leugnet, als wäre die Unmöglichkeit physischer oder mathematischer Beweise an sich ein Beweis des Nichtvorhandenseins.

117. Dieses Kapitel ist auf Wunsch eines Mönchs geschrieben worden – was seinen besonderen Charakter erklärt –, ist aber bisher in keiner Zeitschrift erschienen.

118. «Was hülfe es dem Menschen, so er die ganze Welt gewönne und nähme doch Schaden an seiner Seele?» (*Matthäus* XVI, 26).

119. «Seid fruchtbar und mehret euch, und füllet die Erde, und macht sie euch untertan, und herrschet über Fische im Meer und über Vögel unter dem Himmel und über alles Tier, das auf Erden kreucht» (Genesis I, 28).

120. Den Parteigängern dieses «Schritthaltens» hat man mit der Bibel zu antworten: «Wer der Welt Freund sein will, der wird Gottes Feind sein» (*Jakobus* IV, 4). «Und stellet euch nicht dieser Welt gleich, sondern verändert euch durch Erneuerung eures Sinnes, auf daß ihr prüfen möget, welches da sei der gute, wohlgefällige und vollkommene Gotteswille» (*Römer* XIII, 2). Heutzutage ist es umgekehrt: Der atheistische Wissenschaftsglaube, die Demagogie und die Maschine entscheiden darüber, was gut, was Gott wohlgefällig und vollkommen sei. – «Weh euch, wenn euch jedermann wohl redet! Desgleichen taten ihre Väter den falschen Propheten auch» (*Lukas* VI, 26).

121. In diesem Zusammenhang sei bemerkt, daß eine Kirche, die nicht «triumphiert», gar keine Kirche ist.

122. «Der Himmel und die Erde enthalten Mich *(Allâh)* nicht, aber das Herz

meines gläubigen Dieners enthält Mich» *(hadîth qudsî)*. – Ebenso Dante: «Ich sehe wohl, daß euer Geist nie satt wird, es sei denn, daß ihn das Wahre erleuchtet, außerhalb dessen es keine Wahrheit gibt» *(Paradiso III, 124–126)*.

123. Der Ausdruck erinnert an die *philosophia perennis* des Steuchus Eugubinus (16. Jahrhundert) und der Neuscholastiker; doch weckt das Wort *philosophia* zu Recht oder Unrecht eher die Vorstellung eines gedanklichen Elaborats als einer wirklichen Weisheit und entspricht somit nicht genau dem, was wir meinen. Die *religio* ist das, was «verbindet» *(religere)*, nämlich mit dem Himmel, und was den ganzen Menschen erfaßt; was den Begriff *traditio* anbelangt, so bezieht er sich auf eine mehr äußerliche und manchmal nur fragmentarische Wirklichkeit und weist im übrigen nach rückwärts. Eine im Entstehen begriffene Religion «verbindet» mit dem Himmel von der ersten Offenbarung an, wird aber erst zwei oder drei Generationen später zur *traditio*, zur «Überlieferung», und besitzt auch erst dann «Überlieferungen».

124. Das gilt sogar für die vorislamischen arabischen Weisen, die geistig vom Erbe Abrahams und Ismaels lebten.

125. Das drückt das arabische Wort *furqân*, «gehaltsmäßiger Unterschied», aus, abgeleitet von *faraqa*, «trennen», «scheiden». Siehe die sinnverwandten europäischen Wörter wie «Furche», *«forca»*, *«bifurquer»* und andere mehr. Bekanntlich ist *Furqân* einer der Namen des Korans.

126. Das Wort *fanâ*, das man zuweilen mit «Auslöschung» übersetzt, in Anlehnung an das Sanskritwort *nirvâna*, hat die gleiche Wurzel wie *fânin* und bedeutet genau «vergängliche Natur».

127. *Koran*, Sure des Barmherzigen, 27.

128. Sure der Spinne, 45.

129. Siehe: «Le mystère du *Bodhisattva*», in: *Etudes Traditionnelles*, Paris, Mai–Juni, Juli–August und September–Oktober 1962.

130. Wie Maria die Ägypterin, bei welcher der ganz formfreie und innerliche Charakter einer von Gott bewirkten Liebe die Eigenschaften der Gnosis erreicht, so sehr, daß wir in diesem Falle von einer «Gnosis der Liebe» (im Sinne von *parabhakti*) sprechen könnten.

131. Die Einfachheit des Kleides und seine Farbe, Weiß vor allem, stehen manchmal – im Rahmen der Gewandungskunst – als Symbol der Nacktheit; auf allen Ebenen ist die von der nackten Wahrheit her bestimmte Schlichtheit das Gegengewicht zur weltlichen «Kultiviertheit». In einer anderen Hinsicht versinnbildlicht das heilige Gewand den Sieg des Geistes über das Fleisch, während sein hieratischer Reichtum – den wir nicht im entferntesten beanstanden – die unerschöpfliche Fülle des Mysteriums und der himmlischen Herrlichkeit auszudrükken vermag.

132. Es liegt jedoch auf der Hand, daß die prächtigste heilige Kunst dem Gebiet der Gnosis unendlich viel näher ist als das unwissende und gekünstelte *dépouillement* gewisser zeitgenössischer «Aufräumer». Denn nur die qualitative und edle, dem Wesen der Dinge gemäße Einfachheit spiegelt und vermittelt einen Duft der überformalen Weisheit.